Aao Hindi Sikhen

आओ हिंदी सीखें

Let's Learn Hindi

VOL.2

Bharat Singh
Keisuke Kato

GOYAL Saab

GOYAL Publishers & Distributors (P) Ltd.

www.goyalsaab.com; www.goyalpublisher.com

First edition : January 2012

Authors : Bharat Singh & Keisuke Kato
Illustrations : Konomi Hoshina

GOYAL Publishers & Distributors Pvt. Ltd.
86, U.B. (University Block) Jawahar Nagar, Delhi-110007
Tel. : 011 23858362, 23852986, 9811018971 Fax : 23850961
goyal@goyalsaab.com • www.goyalsaab.com; www.goyalpublisher.com

Branches:

GOYAL Foreign Language Book Shop
Delhi: 16 Ansari Road (GF), Daryaganj, New Delhi-110007 Phones: 9850597001, 43597134
goyal@goyalsaab.com
Chennai: 142, Continental Chambers, M.G. Road, Nungambakam Chennai-600034
8939546515, 9842624989
goyal@goyalsaab.com
Kolkata: P-7, CIT Road, Entally, Kolkata Phones: 033 - 22866542, 9830141141
ocmbooks@hotmail.com
Ahmedabad: SF – 211, Sahajanand Palace, Sanjay Sachin Road, Ahmedabad – 51 Phones: 079 – 26931908
sanskaarbooks@yahoo.com

Der Buchladen at MMB
New Delhi: 3 Kasturba Gandhi Marg, New Delhi- 110001 Phones: 011 – 23358534, 23329506
goyal@goyalsaab.com
Pune: 14/3B Boat Club Road, Pune – 1 Phones: 020-26161340, 09762168020
pune@goyalsaab.com

Published by Ashwani Goyal for:
GOYAL Publishers & Distributors Pvt. Ltd.
86, U.B. (University Block) Jawahar Nagar, Delhi-110007
Tel. : 011 23858362, 23852986, 9811018971 Fax : 23850961
goyal@goyalsaab.com • www.goyalsaab.com; www.goyalpublisher.com

Printed and bound in India by Gopsons Papers Ltd., Noida

Acknowledgement

Behind any creation there is definitely an inspiration. In this view, the making of "**Aao Hindi Sikhen**" has been very special for us. Firstly, we would like to thank our parents who made us capable of becoming a teacher, and then our teachers who gave us the knowledge of the language.

We are especially grateful to Late Prof. Bal Govind Mishra, Prof. Ashok Kalra, Prof. Nagendra, Prof. R.N. Srivastava and Respected Prof.Krishna Kumar Goswami, Prof. Nirmala Jain, Prof. Jagannathan, Prof. M.G. Chaturvedi, Prof. Dilip Singh (Registrar, Dakshin Bharat Hindi Prachar Sabha, Chennai), Prof. Mohan Sharma (Director KHS). Prof. Mahendra Singh Rana, Dr. Chandrakant Tripathi, Registrar KHS, Dr. Aparna Saraswat, Dr. Puneeta Pandey, Dr. Sushila Thomas, Dr. Abhishek Avtans, Prof. Geeta Sharma, Prof. R.L. Verma and all the teachers of C.H.I. and Prof. Gopeshwar Singh, Prof. Harimohan Sharma and Prof. Harimohan from Delhi University and Prof. Rambaks, Prof. Manager Pandey, Dr. Shridharan from Jawaharlal Nehru University who have directly and indirectly inspired us to take over this work.

We also must thank all those foreign and Indian students who have contributed to the 31 year long teaching experience of Prof. Bharat Singh.

Our special thanks also goes to our friends Mrs. Konomi Hoshina, Mr. Hiroko Nagasawa and Mrs. Hiroyuki Nagasawa. Finally we would like to thank Mr. Ashwani Goyal of GOYAL Publishers & Distributors Pvt. Ltd.

This book is the result of the inspiration and support of all these people and we express our heart-felt gratitude to all of them.

January 2012

Bharat Singh

Keisuke Kato

आमुख

समाज के बिना किसी भाषा की कल्पना नहीं की जा सकती। दूसरे शब्दों में कह सकते हैं कि भाषा किसी समाज में विभिन्न जीवन शैलियों की जनक होती है। हम सब जानते हैं कि हमारे देश में अलग–अलग रंग, गोत्र, जाति, वर्ण और धर्म के लोग एक ही भाषा बोलते हैं। भाषा तो बोलने वालों के समुदाय की सतत निर्झरिणी है। एक समाज जिस भाषा में गुफ़्तगू करता है, जिससे एक दूसरे से संप्रेषित होता है, वह उस समाज की साझेदारी होती है। आज इंटरनेट ने दुनिया को एक क्लिक की दूरी पर ला दिया है। ऐसी स्थिति में विश्व की सभी भाषाओं का महत्व निरंतर बढ़ रहा है।

हिंदी भाषा विश्व की जनसंख्या के बहुत बड़े वर्ग के जीवन, संस्कृति और दर्शन को जानने और उससे सम्पर्क का विशेष माध्यम है। पूरा विश्व उसके महत्व को अब पहचान रहा है। अतिविकसित देश भी हिंदी भाषा और उसके समाज को गहराई से जानने के लिए प्रयासरत हैं। इस कड़ी में आवश्यकता है– हिंदी को विदेशी भाषा के रूप में सीखने और सिखाने के लिए नई तकनीक से तैयार उच्चकोटि की पाठ्यसामग्री की। जिसके माध्यम से विश्व के लोग सहज और व्यावहारिक ढंग से हिंदी सीख सकें।

प्रो. भरत सिंह ने श्री केइसुके कातो के सहयोग से अपनी तैंतीस वर्ष के विदेशी भाषा के रूप में हिन्दी शिक्षण के अनुभव के आधार पर प्रत्यक्ष विधि से 'आओ हिंदी सीखें' पुस्तक का निर्माण किया है। प्रस्तुत पुस्तक में वैज्ञानिक और व्यावहारिक ढंग से प्रस्तुत पाठों के माध्यम से बहुत शीघ्र ही हिंदी भाषा की संरचनाओं को आत्मसात कर सकेंगे। देवनागरी लिपि सिखाने के लिए भी पुस्तक के भाग–1 में स्ट्रोक आधारित आधुनिक शिक्षण विधि का उपयोग किया गया है। उच्चारण सिखाने के लिए ध्वनिविज्ञान का सहारा लिया गया है। भाग–2 के सभी पाठ दैनिक जीवन के आवश्यक और महत्वपूर्ण संदर्भों को आधार बनाकर, मनोरंजक वार्तालाप की शैली में तैयार किए गए हैं जिनमें दिए गए चित्र पाठ को पूरी तरह सहज सम्प्रेषणीय बनाते हैं।

सभी पाठ संरचना और शब्दावली की दृष्टि से स्तरीकृत एवं नियंत्रित हैं। शिक्षार्थी सीढ़ी–दर–सीढ़ी भाषा संरचना और शब्दावली का सहज ही व्यवहार करना सीख सकते हैं। कान, भाषा के द्वार होते हैं। इस संदर्भ में, श्रवण और उच्चारण कौशल को विकसित करने के लिए सी.डी. में पाठों की (मानक उच्चारण में) रिकॉर्डिंग ने पुस्तक की उपयोगिता को और अधिक बढ़ा दिया है। प्रस्तुत पुस्तक कक्षाध्यापन की दृष्टि से जितनी उपयोगी है उतनी ही स्वयं हिंदी सीखने के लिए भी है। विदेशी भाषा–शिक्षण के क्षेत्र में हिंदी भाषा–शिक्षण की व्यवस्थित और वैज्ञानिक ढंग से शिक्षण सामग्री तैयार करने का यह अनुभवाश्रित प्रयास निश्चित ही सराहनीय है।

स्थान – नई दिल्ली
दिनांक – 01.01.2012

प्रो. अशोक चक्रधर
उपाध्यक्ष, केंद्रीय हिंदी शिक्षण मण्डल आगरा

Foreword

A language can only be thought of in context of its society. In other words a language is born from the varied lifestyles and behavior patterns of a society. We all know that in a country like ours, people from different castes, creed, colour and religion speak the same language. Therefore the language spoken by a society is the amalgamation of the different people that make the society. Now in today's context where the boundaries of society have faded with the click of the mouse and the internet, the importance of all the languages in the world is continuously rising.

The Hindi language is spoken by a huge population of the world, reflecting its life, culture and views and therefore is a special medium to come close to the Hindi speaking community. Infact the whole world is awakening to this fact. Developed countries are making efforts to learn Hindi in order to get in-depth knowledge about the Hindi – speaking society. In this scenario, it is required to create a new technique of teaching and learning Hindi as a foreign language through which non-Hindi speakers of the world can learn this language in an easy, scientific and practical way.

Professor Bharat Singh along with Mr. Keisuke Kato has successfully combined his 33 year long Hindi teaching experience to make this new course for Hindi: "Aao Hindi Sikhen". In Aao Hindi Sikhen : Volume 1, we learnt Hindi phonetics and Devanagari script in a scientific manner and within a practical context so that the student soon learns the language: its sounds, its script and also about the Hindi speaking society. The Devanagari Script had been taught in a step by step manner, beginning with the practice of strokes and the sounds had also been taught through scientific techniques. Aao Hindi Sikhen : Volume 1, comprised of lessons that were based on everyday life and interesting conversations were used to make the learning process light and fun-filled.

In Aao Hindi Sikhen : Volume 2, once again, all lessons are well planned and balanced in terms of teaching the structure and vocabulary of Hindi. The student gradually learns to combine vocabulary and structure in the usage of the language. As ears are the doors to a language, the development of pronunciation skills have been ensured through the provision of Audio CDs which the learner can use to gain confidence in pronouncing the words correctly. This makes " Aao Hindi Sikhen" all the more useful. The book is suited both for classroom teaching of Hindi as well as self–learning. In the field of foreign language teaching, this book is worth appreciation for its organized and scientific methodology of Hindi teaching and learning material.

Prof. Ashok Chakradhar
Vice-Chairman
Kendriya Hindi Sikshan Mandal, Agra

Place: Delhi
Date: 01.01.2012

Introduction

Aao Hindi Sikhen is a new method of learning Hindi for non-Hindi speakers. It follows the direct method instead of the translation method where the student is required to have a good knowledge of English as well. Teaching or learning through the direct method means that Hindi is taught or learnt without the help of any other language.

Aao Hindi Sikhen, Volume 1, has been divided in two parts. The two parts have been so developed that they can be used over two semesters. All the lessons have been made in a manner that they **can be used both as a textbook for classroom teaching as well as a self - study book**.

The first part of the book is specially made for students who have no or very little knowledge of Hindi and therefore the Roman script has been used for Hindi in this section. This helps the new student to get an idea of Hindi and gradually the Devanagari script is introduced and taught in a scientific manner.

Fourth lesson onwards, word formation and vocabulary is introduced in a graded manner through pictures and contexts. Further understanding of the words has been supported by a glossary provided at the end of the book. Although the communicative method or visual support has been adopted to explain vocabulary etc., yet in certain cases translation to English has also been used. **For the development of pronunciation and vocal skills, many constituents are recorded in CD. Whichever part is recorded in the CD is clearly indicated through the symbol of hearing.** All topics covered are taken from different situations from everyday life thus helping the student to familiarize with the day to day vocabulary. However, difficult words have also been used and explained through a lesson wise glossary. After studying this book, the student will find it easy to speak, write, understand and use Hindi at a satisfactory level.

Aao Hindi Sikhen is a simple but unique method. It will amaze you with its technique that will help you learn the language with a lot of fun and real Indian life-time situation. This is the first book of its kind which has been made with the help of a student's own experience in learning Hindi and by a teacher's long experience of teaching Hindi to non-Hindi speakers. However, we are aware that there is always scope for improvement and we would like to receive your feedback on the same so that we can incorporate your suggestions.

SIGNS AND ABBREVIATIONS

English	Hindi	Sign
Noun	संज्ञा	ⓝ (X), (Y) (A), (B)
Place		(P), (P1), (P2)
Adjective	विशेषण	(aj), (C)
Adverb	क्रिया-विशेषण	(av)
Time		(T)
Verb	क्रिया	क्रिया
Bare root	मूलधातु	धातु
Intransitive Verb		(vi)
Transitive Verb		(vt)
Post Position		(pp)
Male	पुलिंग (पु.)	[m]
Female	स्त्रीलिंग (स्त्री.)	[f]
Singular	एकवचन	(एक.)
Plural	बहुवचन	(बहु.)
Verb (dictionary form)	○○○ना	
Verb (oblique infinitive form)	○○○ने	
Verb (present participle)	○○○ता	
Verb (future form)	○○○गा / गी / गे	
Verb (subjunctive form)	Delete गा / गी / गे from future form	

Contents

पाठ 20

पाठ 21

पाठ 25

पाठ 26

पाठ 27

पाठ 28

There are ...minute left before (A)   (Verb(A) में ... मिनट होना)

(X) told (Y) to give (A)   ((X) ने (Y) से (A) देने के लिए कहा।)

It was ... o'clock when I arrived at (P)   (जब मैं (P) पहुँचा .... बजे थे)

I arrived at (P) by (A)   (मैं (A) पकड़कर (P) पहुँचा)

(X) became (C)   ((X) (C) हुआ)

As soon as ...   (जैसे ही ...)

Grammatical Explanation

Continuing Action: Using Verb/Adjective two times

Expressing that a person was trying hard to do something, but was not able to do ...   ((X) से Verb(A)(past tense form + न + जाना)

Look at the Difference

"आते समय" और "आने के समय"

"बैठे-बैठे" , 'बैठे हुए और "बैठा (हुआ)"

"खड़े-खड़े" और "खड़े"

पाठ 29

Part 1. गाँव की सैर   97

Verb "बनना", "बनाना" और "बनवाना"

Verb "पहुँचना" और "पहुँचाना"

Verb "देना" और "दिलवाना"(दिलाना)

Verb "लगना", "लगाना" और "लगवाना"

Verb "समझना" और "समझाना"

Verb "लदना" और "लदाना"

Verb "लेटना" और "लिटाना"

Verb "कटना", "काटना" और कटवाना

Verb "बिकना" और "बेचना"

Verb "बैठना" और "बिठाना"

Verb "सोना" और "सुलाना"

Verb "टूटना" और "तोड़ना"

After seeing (Y), (X) started to do (A)   ((X)(Y)को देखकर + Verb(A) + लगना)

In addition to (A)   ((A) के अलावा)

Grammatical Explanation

Changing a verb into a modifier   (वहाँ बैठे लोग))

Causative Verb ((X) gets (Y) done)   ((X)(Y)से Causative Verb(A) + होना)

As soon as having seen (A) ((A) को देखते ही ...)

somehow (जैसे-तैसे)

Whatever has to be done Verb(A) should be done fast (जो भी Verb(A) है, जल्दी Verb(A))

By the time (A) happened, (B) had already taken place (जब तक (A) तब तक (B))

(A) come to (X)'s vision, (X)'s hearing ((X) को (A) दिखाई/सुनाई + देना)

(X) complete some action (A) for (Y) ((X)(Y)को Verb(A) + देना)

Look at the Difference

"...ता हुआ" और "...या हुआ"

"सुनते ही" और "सुनकर"

"हमें ... को बचाया जाये" और "हम ... को बचा सकते है"

Word Corner

Adjectives used to describe one's personality and nature

पाठ 35

सत्या का स्वयंवर 151

(A) had been spread all over the world ((A)दुनिया के कोने-कोने तक फैला हुआ था।)

Verb "करना" और "करवाना"

Change Verb into Noun (change verb to dictionary form)

Look at the Difference

"○○ते हुए" और "○○ये हुए"

पाठ 36

दुर्घटना 155

"कोई","कोई न कोई", "कुछ", और "किसी को"

Asking his/her phisical condition (क्या हाल है?)

One gets to hear / see (A) (Verb(A) को मिलना + होना)

Have you heard about ....? (आपने सुना (कि) ....?)

Verb "बचना" और "बचाना"

Grammatical Explanation

Use of "तो"

Use of "ही" (Emphatic)

Word Corner

Accidents / Incidents

पाठ-17

Part 1. शादी से लौट कर

गीता : कहो गौतम, शादी कैसी लगी?

गौतम : बहुत अच्छी, शादी बहुत अच्छी थी। कुणाल का घर बहुत सुंदर और बड़ा था। उस का घर एक बहुत बड़े फार्म के बीच में बना हुआ था। घर के चारों ओर तरह-तरह की सब्जियों के खेत थे। खेतों में कहीं सीताफल लगे थे। कहीं खीरे लगे थे। टमाटर के खेतों में हरे और लाल टमाटर लगे थे। बहुत ककड़ियाँ लगी थीं। बैंगन के पौधों में बैंगन लगे हुए थे। लम्बी-लम्बी लौकियाँ लगी हुई थीं। भिंडी के खेतों में भिंडियाँ लगी हुई थीं। जिन सब्जियों के खेतों में पानी लगा था उनमें पौधे अच्छे थे। जिनमें पानी नहीं लगा था उनके पौधे मुरझाये हुए थे। घर के पास ही आमों का बाग लगा था। आम के पेड़ों में बहुत आम लगे थे। कुछ आड़ू के पेड़ भी थे उनमें आड़ू लगे हुए थे। घर के बाहर गमलों में फूलों के पौधे लगे थे उनमें सुंदर फूल लगे थे।

घर बहुत सुंदर था। लगभग दस-बारह सोने के कमरे और दो बैठक के कमरे थे। सभी कमरों में महरून रंग के रेशमी पर्दे लगे थे। दीवारों पर बड़ी-बड़ी और सुंदर पेंटिंग लगी हुई थीं। सभी कमरों की फर्श में इटैलियन संगमरमर लगा था। सभी कमरों में ए. सी. और पंखे लगे थे। बैठक में दीवार पर एक बड़ा टी. वी. लगा था। बैठक के कमरे की छत में एक सुंदर झाड़फानूस लगा था। सामने की दीवार पर पाँच बंदूकें टंगी थी। दूसरी दीवार पर उनके दादा जी, दादी जी, माता जी, पिता जी के आदम-कद चित्र टंगे हुए थे। कमरा बहुत बड़ा था उसमें चार-पाँच बड़े और सुंदर सोफे लगे थे, उनके बीच में सुंदर मेज रखी हुई थीं। मेजों पर सुंदर मेजपोश बिछा था। मेज पर फूलों के गुलदस्ते रखे हुए थे।

घर के पास ही शादी का बहुत बड़ा पंडाल लगा हुआ था। पंडाल में लगभग दो हजार कुर्सियाँ लगी हुई थीं। सामने स्टेज बनी हुई थी। स्टेज पर दो सुंदर कुर्सियाँ रखी हुई थीं। पंडाल में बहुत लाइट लगी थी। पंडाल में दक्षिण की तरफ खाने की टेबलों (मेजों) पर खाना लगा था। खाना बहुत स्वादिष्ट था। खाने से देशी घी की सुगंध पूरे पंडाल में फैल रही थी।

रात भर पंडाल में गीत, संगीत, नाच-गाना होता रहा। सुबह पाँच बजे उत्सव खत्म हुआ सब लोग थक गए थे इसलिए सो गये। मेरा ड्राईवर भी खाना खाकर सो गया था। उसने रात को बहुत शराब पी ली थी इसलिए सुबह नहीं उठा तभी तेज बारिश आ गयी। बाहर बारिश की झड़ी लगी थी लेकिन मुझे दूसरे दिन दस

बजे तक संस्थान पहुँचना था इसलिए बहुत चिंता लगी थी। ड्राईवर बारह बजे उठा और हम घर के लिए चले तो बाहर सड़कों पर पानी भरा था। चौराहे पर बिजली नहीं थी इसलिए सड़क पर बहुत जाम लगा था। मैं बहुत चिंतित था घर कैसे पहुँचूंगा। अतः मैं रात को दस बजे घर पहुँचा उस समय मुझे बहुत नींद आ रही थी।

Practice Corner (अभ्यास कक्ष)

1. Verb “लगना” (Part 2)

उदाहरण 1: (to be planted)

आंगन	में	नीम अशोक आम अमरूद	का	पेड़	लगा	है / था
		तुलसी		पौधा		
		केले चमेली	के	पौधे	लगे	हैं / थे

उदाहरण 2: (to be grown)

पेड़	में	आम अमरूद आड़ू	लगे	हैं / थे
गमलों		पौधे		
पौधों		फूल		
खेतों	में	सीताफल टमाटर बैंगन	लगे	हैं / थे
		ककड़ियाँ भिंडियाँ लौकियाँ तोरियाँ	लगी	हैं / थीं

उदाहरण 3: (to be attached, to be applied, to be fixed)

कमरे	में	पंखा ए. सी.	लगा	है / था
कमरों		चित्र पर्दे	लगे	हैं / थे
दीवार	पर	पेंटिंग लाइट	लगी	है / थी
दीवारों		पेंटिंगें लाइटें		हैं / थीं

उदाहरण 4: (to adhere to, to state of something)

सड़क	पर	जाम	लगा	है / था
बाहर		बारिश की झड़ी लोगों की लाइन लोगों की भीड़	लगी	है / थी

2. Verb "लटकना"

उदाहरण : (to hang, to be hanging)

कपड़ा	लटक	रहा	है / था
कमीज चित्र		रही	है / थी
कपड़े तौलिये		रहे	हैं / थे
साड़ियाँ		रही	हैं / थीं

3. Verb "टंगना"

उदाहरण :(to hang, to be suspended, to be hung)

कलेंडर	टंगा	हुआ	है / था
साड़ी	टंगी	हुई	है / थी
चित्र खिलौने थैले	टंगे	हुए	हैं / थे
साड़ियाँ	टंगी	हुई	हैं / थीं

4. Verb "बिछना"

उदाहरण :(to be spread, to be laid)

मेजों पर सुंदर मेजपोश बिछे थे।

पाठ-18

कातो का परिवार

कियोको : नमस्ते, कातो जी। आप कैसे हैं?

कातो : मैं बहुत अच्छा हूँ। आप कैसे हैं?

कियोको : मैं भी ठीक हूँ।

कातो : आइए। बैठिए। यहाँ बैठिए।

कियोको : भाभी जी कहाँ हैं?

कातो : चिंता मत कीजिए, अभी मिलवाता हूँ। मेरी पत्नी और बच्चे बाजार गए हुए हैं। अभी आते ही होंगे। आप क्या लेंगी?

कियोको : जो आप देंगे, हा-हा।

कातो : मेरा मतलब ठंडा या गरम।

कियोको : ठंडा या गरम मतलब?

कातो : मतलब चाय-कॉफी या शरबत।

कियोको : धन्यवाद। मैं अभी केवल पानी लूँगी।

कातो : ये लीजिए पानी।

कियोको : बहुत शुक्रिया। बैठिए।

(ट्रन-ट्रन) (घर की घंटी बजती है।)

कातो : शायद पत्नी और बच्चे आये हैं। (दरवाजा खोलता है।) आइए, देखिए अंदर कौन है। ये मेरी दोस्त कियोको है। ये होंडा कम्पनी में काम करती है।

कियोको : ओ हो, तो आपने भारतीय लड़की से शादी की है। नमस्ते। आपकी पत्नी बहुत सुंदर है।

कातो : हाँ, इसीलिए तो शादी की है। ये मेरे बच्चे हैं।

कियोको : आपके कितने बच्चे हैं?

कातो : मेरे तीन बच्चे हैं। दो लड़के (बेटे) और एक लड़की (बेटी)।

सुशीला : अरे बैठिए, आप लोग। मैं चाय बनाती हूँ।

कियोको : नहीं भाभी जी, आप बैठिए। अभी चाय नहीं चाहिए।

सुशीला : कोई बात नहीं। पहले मैं चाय बनाती हूँ। थोड़ी-थोड़ी पिएँगे और बातें करेंगे।

कियोको : आप मेरे लिए परेशान मत होइए।

सुशीला : परेशानी की कोई बात नहीं है। ये हमारे लिए खुशी की बात है।

(थोड़ी देर बाद)

सुशीला : ये लीजिए, चाय पीजिए। चीनी कितनी चाहिए? एक चम्मच या दो?

कियोको : एक चम्म्च डालिए।

सुशीला : बिस्केट भी लीजिए। नमकीन लीजिए। यह नमकीन आगरा का है। बहुत स्वादिष्ट है।

कियोको : हाँ, बहुत स्वादिष्ट है। लेकिन इसमें थोड़ी मिर्च है। आप बाजार से क्या लाई हैं?

सुशीला : अगले सप्ताह मेरे छोटे भाई की शादी है। हम सब शादी में जाएँगे। अपने लिए, बच्चों के लिए और कुछ रिश्तेदारों के लिए कपड़े लाई हूँ। शादी में बहुत रिश्तेदार मिलेंगे।

कियोको : वहाँ कौन-कौन रिश्तेदार मिलेंगे?

सुशीला : वहाँ सभी रिश्तेदार होंगे। मेरे दादा-दादी, माता जी-पिता जी, मेरे बड़े भाई, भाभी, बहन और उनके बच्चे भी आएँगे। मेरे ताऊ जी-ताई जी, चाचा-चाची वे भी वहाँ रहते हैं।

कियोको : शादी में कौन-कौन आएँगे?

सुशीला : शादी के समय मेरे नाना जी, मामा जी, मामी जी, मेरे ममेरे भाई-बहन, फूफा जी और बुआ जी भी आएँगे।

कियोको	:	क्या आपके पति के भाई बहन शादी में नहीं आएँगे?
सुशीला	:	हाँ, मेरे जेठ, देवर, जेठानी-देवरानी और मेरी ननद भी आएँगे। वे जापान से कल आ रहे हैं।
कियोको	:	आपकी बहन कहाँ रहती है?
सुशीला	:	वह मुंबई में रहती है। मेरी बहन कल मेरे यहाँ आएगी लेकिन जीजा जी सीधे शादी में आएँगे।
कियोको	:	कातो जी के माता पिता नहीं आएँगे?
सुशीला	:	मेरे सास-ससुर बहुत बूढ़े हैं। गरमी में उन्हें परेशानी होगी इसलिए वे नहीं आएँगे।
कियोको	:	क्या आपके साथ शादी में मैं चल सकती हूँ?
सुशीला	:	क्यों नहीं। बहुत अच्छा होगा। आप जरूर हमारे साथ चलिए।

Answer the following questions
(प्रश्नों के उत्तर दें)

1. कातो के बच्चे कहाँ गए हुए थे?
2. कियोको कहाँ काम करती है?
3. कातो के कितने बच्चे हैं?
4. सुशीला किसकी शादी में जायेगी?
5. शादी में कौन-कौन आएँगे?
6. सुशीला की बहन कहाँ रहती है?
7. सुशीला के ससुर कैसे हैं?

Practice Corner (अभ्यास कक्ष)

1. Expressions of Time (अगले साल, पिछले साल)

Future	अगले	सप्ताह महीने साल	Past	पिछले	सप्ताह महीने साल

2. I will take (A)(tea, coffee, water, etc..) (मैं (A) लूँगा/लूँगी)

उदाहरण 1:

प्रश्न: आप क्या लेंगे?(आप क्या लेंगी?)

उत्तर: मैं चाय लूँगा। (मैं चाय लूँगी।)
(A)

उदाहरण 2:

मैं	पानी शरबत दूध रस खाना मिठाई दवाई	लूँगा / लूँगी (Negative) नहीं लूँगा (m) नहीं लूँगी (f)

Plus one for Daily Life

Family relations: Name of Relative (परिवार का नाम)

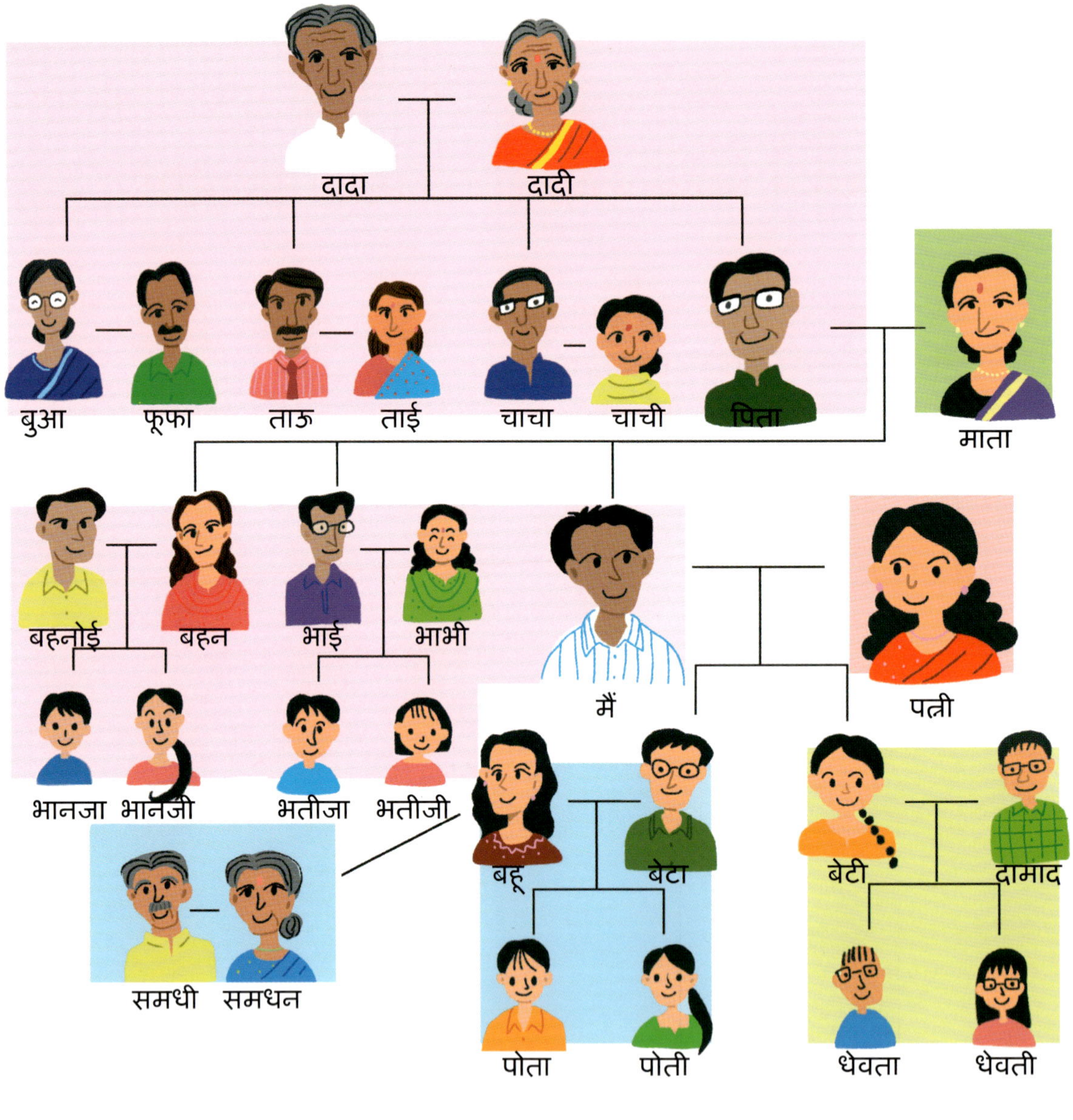

(मैं : पुरूष)

नोटः अगर मैं, स्त्री है तो मैं, पति, जेठ, जेठानी, देवर, देवरानी, ननंद और ननदोई होते हैं।

पाठ-19

पटरी बाजार

दिल्ली की बहुत सारी कॉलोनियों में साप्ताहिक बाजार लगते है। साकेत में भी हर सोमवार को पटरी बाजार लगता है। आज सोमवार है। ठेकेदार सुबह-सुबह दुकानों के लिए मेजें डाल रहा है। सभी दुकानदार हर मेज के 20 रू. किराया देते हैं। दस बजने वाले हैं। दुकानदार अपना सामान ला रहे हैं। कुछ दुकानदार मेजों पर अपना सामान सजा रहे हैं। लगभग 12 बजे तक पूरा बाजार सज जाएगा। इस बाजार में जरूरत की सभी चीजें मिलती हैं। बाजार में ज्यादा लोग लगभग पाँच बजे के बाद आते हैं। यह बाजार रात को दस बजे तक चलता है।

(1:00 बजे)

बाजार पूरी तरह लग गया है। सभी ने अपना सामान लगा लिया है। धीरे-धीरे खरीददारों की संख्या बढ़ रही है। बाजार लगभग दो कि. मी. तक सड़क के दोनों ओर लगा हुआ है। यह देखिए, ये सब्जियाँ बेच रहे हैं। आगे रेडीमेट कपड़ों की दुकान लगी हैं। वे कपड़े, कमीज, पेंट, बनियान, जाँघिया, कुर्त्ता पाजामा बेच रहे हैं। ये महिलाओं के कपड़ों की दुकाने हैं। देखिए, कितने रंग बिरंगे कपड़े टंगे हुए हैं। वह साड़ियाँ बेच रहा है। उसके पास महिलाओं के कमीज सलवार भी हैं। ये देखिए, इसके पास महिलाओं के अंदर के कपड़े हैं। इसकी दुकान पर महिलाओं की ज्यादा भीड़ है। कितनी सुंदर चोलियाँ टंगी हुई हैं। बराबर में जांघिया और मौजे लटक रहे हैं। इसके पास रूमाल और रिबन भी मिलते हैं।

अगली दुकान पर दुकानदार मेजपोश, पलंग-पोश (चादर) और तकिये के गिलाफ बेच रहा है। इसके पास सुंदर तौलिए भी रखे हुए हैं। पास ही महिलाओं के मेकअप का सामान भी बिक रहा है। लिपस्टिक, पाउडर, काजल, क्रीम, सुगंधित तेल, चूड़ियाँ आदि। वहाँ देखिए, कितनी भीड़ है। कुछ बच्चे खिलौने खरीद रहे हैं तो कुछ बच्चे अपने माता-पिता के पास खड़े पैर पटक रहे हैं और रो रहे हैं। वह मसाले वाला है। उसके पास सभी मसाले हैं। लाल मिर्च, हल्दी, धनिया, जीरा, लौंग, बड़ी इलायची, छोटी इलायची, तेजपत्र आदि।

वह कुम्हार है। वह मिट्टी के बर्तन बेच रहा है, घड़े, सुराही, दीपक, सजाने की चीजें आदि। आइए, यहाँ देखते हैं बर्तन वाले के पास क्या-क्या है। इसके पास रसोई के बर्तन हैं। पतीला है, परात है, थाली है, कटोरी है, गिलास है, तवा है, चिमटा है, कुकर है, चकला है, अरे इसके पास तो सिल-बट्टा भी है। देखिए, वह मेवे वाला, मेवे बेच रहा है। उसके पास छुहारे हैं, मुनक्का हैं, किशमिश है, अखरोट हैं, काजू हैं, बादाम हैं, चिरौंजी है।

अब आप थक गये होंगे। चलिए, चाय पीते हैं वह देखिए वह चाय बेच रहा है। इस बाजार में बैठकर चाय पीने की जगह नहीं है। खड़े-खड़े ही चाय पीनी पड़ेगी।

"भाई, दो चाय दीजिए, कम मीठी देना। चाय कैसी लगी? चलें, अब घर चलते हैं, बहुत समय हो गया।"

Answer the following questions
(प्रश्नों के उत्तर दें)

1. दिल्ली में साप्ताहिक बाजार कहाँ-कहाँ लगता है?
2. साकेत में कब पटरी बाजार लगता है?
3. ठेकेदार सुबह-सुबह क्या कर रहा है?
4. पटरी बाजार कितने बजे शुरू हो जाता है?
5. वह बाजार रात को कितने बजे तक चलता है?
6. बाजार में ज्यादा लोग किस समय आते हैं?
7. बाजार में क्या-क्या सामान मिलता है?

Practice Corner (अभ्यास कक्ष)

1: Verb(A)(Oblique infinitive form) + वाला : (वाला: Part 3)

(Meaning: be about to do something) ("वाला" is used as a noun.)

<u>उदाहरण 1:</u>

- दस <u>बजने</u> वाले हैं।
  (A)
- दुकान बंद <u>होने</u> वाली थी कि मैं पहुँच गया।
- वह अभी अपने घर <u>जाने</u> वाली है।
- गाड़ी <u>छूटने</u> वाली थी कि हम स्टेशन पर पहुँच गये।

<u>उदाहरण 2:</u>

मेरे उसके हमारे तुम्हारे आपके उनके	गांव नगर घर स्कूल संस्थान	में	कोई आदमी अतिथि	आने वाला है
			मेरी बहन	आने वाली है
			प्रधानमंत्री मंत्री महात्मा जी	आने वाले हैं
			बहिनजी	आने वाली हैं

2. (A) is/are sold in (P) ((P) (A) बेचा जाता है)

<u>उदाहरण :</u>

बाजार रेस्तराँ दुकान	में	सुगंधित तेल मेकप का सामान	बेचा	जाता	है / था
		चाय / कॉफी	बेची	जाती	है / थी
		बर्तन / मसाले	बेचे	जाते	हैं / थे
		साड़ियाँ / कमीजें	बेची	जाती	हैं / थीं

3. Verb "लगना" (Part 3)

<u>उदाहरण 1: (to be set up) 1</u>

- दिल्ली की बहुत सारी कॉलोनियों में साप्ताहिक बाजार लगता है।
- साकेत में भी हर सोमवार को पटरी बाजार लगता है।

<u>उदाहरण 2: (to be set up) 2</u>

बाजार सामान	लगता	है
दुकान प्रदर्शनी	लगती	

4. Verb "लगना" और "लगाना"

<u>उदाहरण :</u>

लगना : बाजार पूरी तरह लग गया है।

लगाना : सभी ने अपना सामान लगा लिया है।

शादी में दुल्हा और दुल्हन को उबटन लगाते हैं।

5. Verb "सजना" और "सजाना"

<u>उदाहरण :</u>

सजना : 12 बजे तक पूरा बाजार सज जाएगा।

सजाना : कुछ दुकानदार मेजों पर अपना सामान सजा रहे हैं।

6. Verb "बिकना" और "बेचना"

<u>उदाहरण :</u>

बिकना : पास ही महिलाओं के मेकप का सामान भी बिक रहा है।

बेचना : अगली दुकान पर दुकानदार तकिये के गिलाफ बेच रहा है।

Word Corner (शब्द कक्ष)

Dresses

कमीज shirt

पतलून pants

साड़ी saree

बनियान vest

अंगिया / चोली bra / blouse

कच्छा / चड्डी brief

जुराब / मोजा socks

बड़ी जुराबें stockings

जूता / जूते boot / shoes

जेब pocket

टोपी / टोप cap / hat

पगड़ी turban

Ornaments

कपड़ा cloth

तौलिया towel

कम्बल blanket

चादर bed-sheet

रेशम silk

ऊन wool

मखमल made of velvet cloth

Metals & Stones

सोना gold

चांदी silver

कांसा bronze

पीतल brass

लोहा iron

तांबा copper

संगमरमर marble

पत्थर stone

हीरा diamond

मोती pearl

मेहंदी Henna

गले का हार necklace

माला a necklace/chain

पाठ-20

Part 1. उदघोषणा: हवाई अड्डा – हवाई जहाज

1. मुंबई के लिए आई. सी 696 उड़ान सुरक्षा जाँच के लिए तैयार है। मुंबई जाने वाले यात्रियों से अनुरोध है कि वे अपनी सुरक्षा जाँच के लिए उपस्थित हो जाएँ।

2. चेन्नई जाने वाली इण्डियन एअर लाइन की उड़ान संख्या आई सी 278 किन्हीं कारणों से एक घंटे देर से जाएगी। देरी के लिए खेद है।

3. नागपुर के लिए उड़ान संख्या आई. सी. 298 का सामान चैक इन के लिए तैयार है। यात्रियों से अनुरोध है कि वे अपना सामान देख लें।

4. किसी भी यात्री को यदि किसी भी प्रकार की सहायता की आवश्यकता हो तो स्वागत है।

5. आई. सी 484 उड़ान के लिए तैयार है। इस उड़ान से हैदराबाद जाने वाले यात्रियों से अनुरोध है कि वे विमान की ओर प्रस्थान करें।

Part 2. वायुयान में

नमस्ते

आई. सी. 868 उड़ान के लिए तैयार है। इस उड़ान में कैप्टेन अशोक वर्मा के साथ विमान चालक महेन्द्र सिंह राणा, वायुयान परिचारिका शालू और नीतू आपकी सेवा में रहेंगे। सभी यात्रियों से अनुरोध है कि वे अपनी कुर्सी की पेटी बाँध लें। विमान उड़ने तक सभी यात्री अपनी कुर्सी सीधी रखें। विमान के संबंध में जानकारी की पुस्तिका कुर्सी के पीछे है। विमान में ऑक्सीजन की कमी होने पर सीट के ऊपर लगा ऑक्सीजन मास्क अपने आप नीचे आ जाएगा। सांस संबंधी परेशानी होने पर मास्क को खींच कर अपने मुंह पर लगायें। कोई कठिनाई होने पर हमें बुलाएँ।

दिल्ली से नागपुर की दूरी हम 1.30 घंटे में पूरी करेंगे। इस यात्रा में सभी यात्रियों को नाश्ता दिया जाएगा।

सुरक्षा की दृष्टि से विमान में मोबाइल फोन के उपयोग की अनुमति नहीं है अतः सभी अपना फोन बंद कर लें। धन्यवाद।

(1.30 घंटे के बाद)

हम शीघ्र ही नागपुर हवाई अड्डे पर उतरेंगे। अपनी कुर्सी की पेटी बांध लें।

बाहर का तापमान 19 डिग्री. से. है। यात्री पहले आगे वाले यात्रियों को उतरने दें।

आशा है कि आपकी यात्रा सुखद रही होगी।

आप यदि हमें फिर सेवा का मौका देंगे तो हमें बहुत खुशी होगी।

Practice Corner (अभ्यास कक्ष)

1. (X) is/are kindly requested to ...
   ((X) से अनुरोध है कि + Subjunctive sentence)

उदाहरण :

- मुंबई जाने वाले यात्रियों (X) से अनुरोध है कि वे अपनी सुरक्षा जाँच के लिए उपस्थित हो जाएँ।
- यात्रियों से अनुरोध है कि वे अपना सामान देख लें।

2. It is ready for (A) ((A) के लिए तैयार है।)

उदाहरण :

- नागपुर के लिए उड़ान संख्या आई. सी 21 का सामान (A) चैक इन के लिए तैयार है।
- आई. सी 484 उड़ान के लिए तैयार है।

3. If you give us a chance to (A), we will be happy
   (यदि आप हमें (A) का मौका देंगे, तो हमें बहुत खुशी होगी)

उदाहरण :

आप यदि हमें सेवा (A) का मौका देंगे तो हमें बहुत खुशी होगी।

4. I/we hope/wish that + (Future tense) (आशा है कि ... होगा)

उदाहरण :

आशा है कि आपकी यात्रा सुखद रही होगी।

Notes

पाठ-21

Part 1. भारतीय-भोजन

अनीता : आज हमारे घर में मेहमान आने वाले हैं। उनके लिए खाने की तैयारी करनी है।

जूली : क्या आपने अतिथियों को खाने पर बुलाया है?

अनीता : खाने पर तो नहीं बुलाया है लेकिन वे लोग खाने के समय आएँगे तो खाना तो खिलाना ही चाहिए।

जूली : खाने के समय आते हैं तो क्या खाना खिलाना जरूरी है?

अनीता : जी हाँ, भारतीय संस्कृति में खाने के समय सभी को खाना खिलाते हैं और कोई भी जो घर आता है उसे कुछ ना कुछ जरूर खिलाते-पिलाते हैं। बिना कुछ खाये-पिये अतिथि का घर से जाना बुरा माना जाता है।

जूली : यह तो बहुत अच्छी बात है।

अनीता : भारत में बहुत सी परम्पराएं बहुत अच्छी हैं। अतिथि को भारतीय संस्कृति में भगवान के समान माना जाता है।

जूली : आज आप अतिथियों के लिए कौन-कौन सा भोजन बनाएँगी?

अनीता : अभी तो सोचा नहीं है। घर जाकर देखती हूँ घर में क्या-क्या सामान है और कौन-कौन सी सब्जियाँ हैं। उसी हिसाब से बनाना पड़ेगा।

जूली : भारत में मुख्य-मुख्य खाने कौन-कौन से हैं?

अनीता : भारत खाने के मामले में बहुत अमीर है। वास्तव में भारत विविधताओं का देश है। यहाँ अनेक प्रकार के मौसम हैं। अनेक प्रकार की जलवायु है। अनेक भाषाएँ हैं और अनेक प्रकार का भोजन है।

जूली : क्या भारत के अलग-अलग इलाकों में अलग-अलग खाना खाया जाता है?

अनीता : हाँ, अलग-अलग इलाकों में अलग-अलग खाना खाया जाता है। जैसे

दक्षिण में चावल और मछली मुख्य भोजन है तो उत्तर भारत में रोटी, दाल, सब्जी, पराँठा, खीर आदि। इतना ही नहीं अलग-अलग मौसम में भी अलग-अलग खाना खाया जाता है।

जूली : दक्षिण में और क्या-क्या खाते हैं?

अनीता : दक्षिण में डोसा, इडली, सांभर, बड़ा, उत्तपम, उपमा मुख्य हैं।

जूली : और उत्तर में? मतलब उत्तर भारत में?

अनीता : उत्तर भारत में अनेक प्रकार की रोटियाँ खाते हैं। जैसे गर्मियों में गेहूँ और जौ की रोटी तथा सर्दियों में मक्की और बाजरे की रोटी ज्यादा प्रसिद्ध है। रोटियाँ भी कई प्रकार की हैं जैसे – रूमाली रोटी, फुल्का, तंदूरी रोटी, नान, तवे की रोटी, मिस्सी रोटी, पराँठा आदि। उत्तर भारत में पराँठा भी बहुत प्रसिद्ध है। पराँठे भी भिन्न-भिन्न प्रकार के हैं। पूरी-सब्जी भी उत्तर भारत का बहुत प्रसिद्ध भोजन है। नाश्ते में ज्यादा लोग कचौरी खाते हैं। उत्तर भारत में मिठाइयाँ भी अनेक प्रकार की बनायी जाती हैं।

जूली : मिठाई किससे बनाते हैं?

अनीता : उत्तर भारत की ज्यादातर मिठाइयाँ दूध और चीनी से बनायी जाती हैं दूसरी मिठाइयाँ घी में तल कर बनाते है। लेकिन वे भी बहुत मीठी होती हैं।

जूली : कुछ नाम बता सकती हैं?

अनीता : हाँ-हाँ, जैसे – बर्फी, रसगुल्ला, पेड़ा, रसमलाई, कलाकंद, मिल्ककेक आदि दूध और चीनी से बनाये जाते हैं। जबकि लड्डू, जलेबी, बालूशाही, सेब, इमरती, गुलाब जामुन, मठरी, गुँजिया आदि घी में तल कर बनायी जाती हैं।

जूली : अरे, मैंने आपका बहुत समय ले लिया। आपको देर हो रही होगी। आपको अतिथियों के लिए खाने की तैयारी भी करनी है। नमस्ते।

अनीता : नमस्ते। अच्छा, आप फिर आइए। आपसे बैठकर बातें करेंगे। नमस्ते।

Practice Corner (अभ्यास कक्ष)

1. the person who ......, he/she .... (जो .... उस ....)

   the thing which ....., it ..... (जो .... उस ....)

उदाहरण 1:

कोई भी जो घर आता है उसे कुछ ना कुछ जरूर खिलाते-पिलाते हैं।

उदाहरण 2:

<table>
<tr><td rowspan="4">जो</td><td rowspan="2">घर</td><td rowspan="4">आता है</td><td rowspan="4">उसे</td><td>खाना</td><td>खिलाना</td><td rowspan="4">चाहिए</td></tr>
<tr><td>चाय</td><td>पिलानी</td></tr>
<tr><td>संस्थान</td><td>हिंदी</td><td>सिखानी</td></tr>
<tr><td>भारत</td><td>ऐतिहासिक-स्थान</td><td>दिखाने</td></tr>
</table>

2. Verb "**खाना**" और "**खिलाना**"

उदाहरण :

खाना : हम हर रोज रात को नौ बजे खाना खाते हैं।

खिलाना : भारतीय संस्कृति में खाने के समय सभी को खाना खिलाते हैं
शादी में लोगों को खाना और मिठाई खिलाते हैं।

3. Verb "**पीना**" और "**पिलाना**"

उदाहरण :

पीना : हम हर रोज तीन बजे चाय पीते हैं।

पिलाना : कोई भी जो घर आता है उसे कुछ ना कुछ जरूर खिलाते-पिलाते हैं।
शादी में लोगों को शराब भी पिलाते हैं।

4. Equal to (A) ((A) **के समान**)

उदाहरण :

अतिथि को भारतीय संस्कृति में <u>भगवान</u> के समान माना जाता है।
(A)

5. It's not just that ("इतना ही नहीं")

उदाहरण :

दक्षिण में चावल और मछली मुख्य भोजन है तो उत्तर भारत में रोटी, दाल, सब्जी, पराँठा, खीर आदि। इतना ही नहीं अलग-अलग मौसम में भी अलग-अलग खाना खाया जाता है।

6. Passive sentence (habitual) ("खिलाया जाता है", "पिलायी जाती है")

उदाहरण :

<table>
<tr><td rowspan="4">शादी में</td><td rowspan="3">लोगों</td><td rowspan="4">को</td><td>खाना</td><td>खिलाया</td><td>जाता</td><td rowspan="4">है</td></tr>
<tr><td>मिठाई</td><td>खिलायी</td><td rowspan="3">जाती</td></tr>
<tr><td>चाय
शराब भी</td><td>पिलायी</td></tr>
<tr><td>दुल्हा
दुल्हन</td><td>उबटन</td><td>लगायी</td></tr>
</table>

7. It is believed that (X) is (A) ((X) को (A) माना जाता है।)
It is believed that (A) is (C) ((A) (C) माना जाता है।)

उदाहरण :

अतिथि को भारतीय संस्कृति में भगवान के समान माना जाता है।
(X) (A)

बिना कुछ खाये-पीये अतिथि का घर से जाना बुरा माना जाता है।
(A) (C)

8. (A) is made from (B) ((A) (B) से बनाया जाता है)

उदाहरण :

उत्तर भारत की ज्यादातर मिठाइयाँ दूध और चीनी से बनायी जाती हैं।
(A) (B)

Part 2. खाना-बनाना

तमोको : नमस्ते, पूनम जी।

पूनम : नमस्ते, आइए, कैसी हैं?

तमोको : मैं अच्छी हूँ। आप बताइए, आप कैसी हैं?

पूनम : मैं भी अच्छी हूँ।

तमोको : आप क्या कर रही हैं?

पूनम : आपका ही इन्तजार कर रही थी। क्या लेंगी चाय या कॉफी?

तमोको : अभी कुछ नहीं चाहिए। मैं पहले आपके साथ खाना बनाना सीखूँगी और फिर आपके साथ खाना खाऊँगी।

पूनम : एक-एक चाय पिएँगे और खाना बनाने की तैयारी करेंगे।

तमोको : ठीक है।

पूनम : आइए। पहले चाय बनाएँ।

तमोको : चलिए।

पूनम : सबसे पहले पतीले में दो कप पानी डालते हैं। अब गैस जलाते हैं। अब पतीले को चूल्हे पर रख दिया।

तमोको : अब क्या करेंगे?

पूनम : जब यह पानी उबलने लगेगा तो इसमें चाय-पत्ती डालेंगे।

तमोको : यह क्या है?

पूनम : यह अदरक और यह इलायची। इनको थोड़ा कूट कर इसमें डालेंगे।

तमोको : अच्छा। तो यह तो बहुत अच्छी चाय बन जाएगी।

पूनम : अब पानी उबल गया है। एक चम्मच चाय डालेंगे और यह थोड़ी अदरक और इलायची डालेंगे।

तमोको : ठीक है। अब क्या करेंगे?

पूनम : अब ये उबल गयी है। अब दो चम्मच चीनी डालेंगे । अगर चीनी नहीं चाहिए तो नहीं डालेंगे। अब इसमें एक कप दूध डालेंगे।

तमोको : अब क्या करेंगे?

पूनम : बस बन गयी चाय। एक उबाल और आने पर उतार लेंगे। लीजिए उबल गयी।

तमोको : यह क्या है?

पूनम : यह चाय छलनी है। इस से चाय छानते हैं। आप अपना कप दीजिए और चाय लीजिए।

तमोको : बस-बस। मुझे ज्यादा नहीं चाहिए।

पूनम : आइए। बैठिए। अब खाने की तैयारी करते हैं। पहले सब्जी काटते हैं।

तमोको : कौन सी सब्जी बनाएँगे?

पूनम : मिक्स सब्जी बनाएँगे।

तमोको : कौन-कौन सी सब्जियाँ हैं?

पूनम : गाजर, आलू, मटर, पनीर, गोभी और टमाटर बनाएँगे।

तमोको : सबसे पहले क्या करना है?

पूनम : सबसे पहले सभी सब्जियों को अच्छी तरह धोना चाहिए। मैंने ये सभी सब्जियाँ अच्छी तरह धो ली हैं।

तमोको : अब क्या करेंगे?

पूनम	:	अब चाकू से पहले मैं आलू और गाजर छीलूँगी। तब तक आप इन मटर फलियों में से दाने निकालिए।
तमोको	:	ये कैसे निकालेंगे? क्या इनको चाकू से छीलना पड़ेगा?
पूनम	:	मटर हाथ से ही छीलते हैं। देखिए, मटर फली को हाथ से ऐसे दबाइए और छील दीजिए। दाने निकाल कर कटोरी में डालते जाइए।
तमोको	:	बड़ा मजा आ रहा है। क्या मैं कुछ दाने खाऊँ?
पूनम	:	हाँ-हाँ, खाइए-खाइए। अब आलू, गाजर छिल गए हैं। देखिए अब इनको छोटे-छोटे टुकड़ों में इस प्रकार काटना है। गोभी भी काट लेते हैं। पनीर के भी छोटे-छोटे टुकड़े कर लेते हैं। छौंक लगाने के लिए थोड़ा लहसुन, अदरक और प्याज बहुत बारीक (छोटा-छोटा) काट लेते हैं। ये टमाटर हैं इनको बाद में डालेंगे। अब सब सब्जी तैयार हैं। चलिए इसे छौंकते हैं।
तमोको	:	चलिए।

पूनम : सबसे पहले सभी मसाले जीरा, हल्दी, मिर्च, नमक, गरम मसाला पास रख लेते हैं। अब कड़ाही को अच्छी तरह पौंछ कर आग पर रखते हैं। एक बड़ा चम्मच तेल डालेंगे। अब यह तेल अच्छी तरह गरम हो गया है। अब पहले थोड़ा जीरा डालेंगे। यह जीरा भुन गया है। अब प्याज, लहसुन और अदरक डालेंगे। अब यह भी भुन गया है। अब हल्दी डालेंगे।

तमोको : यह कैसे मालूम होगा कि अब यह भुन गया है?

पूनम : जब यह थोड़ा लाल हो जाता है तो समझिए भुन गया है। अब सब चीजें भुन गयी। देखिए, ये सभी लाल-लाल हो गयी हैं। अब सभी कटी हुई सब्जियाँ इसमें डालेंगे। अब चम्मच से इस सब्जी को ऊपर नीचे करके मिला दें। अब थोड़ी देर के लिए इसे ढक देते हैं यह तैयार हो जाएगी।

तमोको : लेकिन आपने इस में पानी तो डाला ही नहीं?

पूनम : हाँ, अगर सूखी सब्जी बनानी है तो पानी डालने की जरूरत नहीं है और यदि तरी वाली सब्जी बनानी है तो इसमें एक गिलास पानी डाल सकते हैं।

तमोको : अब क्या करें?

पूनम : जब तक सब्जी तैयार होती है इस कूकर में चावल रख देते हैं। एक छोटी कटोरी चावल पहले धोकर डालेंगे और तीन कटोरी पानी। अब इसका ढ़क्कन बंद करके धीमी आग पर रख दें। दो सीटियाँ बजने पर उतार लेंगे।

तमोको : आज रोटियाँ नहीं बनाएँगी?

पूनम : बनाऊँगी। जब तक चावल और सब्जी तैयार होते हैं आटा गूँथ लेती हूँ। देखिए पहले इस छलनी से आटा छानते हैं। अब इसमें थोड़ा-थोड़ा पानी डालते जाएँगे और गूँथते जाएँगे। पानी कम भी नहीं होना चाहिए और ज्यादा भी नहीं होना चाहिए। अब इसको अच्छी तरह गूँथना

है। अब यह रोटी बनाने के लिए तैयार हो गया।

तमोको : सब्जी और चावल की बहुत अच्छी सुगंध आ रही है। लगता है तैयार हो गये।

पूनम : हाँ, तैयार हो गये हैं। अब इनको उतार लेते हैं और रोटियाँ बनाएँगे।

तमोको : ये क्या हैं?

पूनम : यह बेलन और यह चकला है। अब थोड़ा आटा लेकर पहले इससे गोला बनाएँगे। अब इसे दबाकर चकला पर रखकर इसके ऊपर चारों ओर इस तरह बेलन घुमाएँगे। बन गई रोटी। अब इसको तवे पर डाल देंगे। एक तरफ से सिकने के बाद तवे पर इसे बदलेंगे।

तमोको : अरे, यह तो बहुत अच्छी रोटी बन गई।

पूनम : अब आप बैठिए। मैं जल्दी-जल्दी और रोटियाँ बना लेती हूँ।

तमोको : धन्यवाद! आप खाना बनाने की बहुत अच्छी अध्यापिका हैं। हा-हा

Practice Corner (अभ्यास कक्ष)

1. What should be done? (क्या करना है?)

उदाहरण :

प्रश्न : सबसे पहले क्या करना है?

उत्तर : सबसे पहले सभी सब्जियों को अच्छी तरह धोना चाहिए।

2. What will we/you do? (हम / आप क्या करेंगे?)

उदाहरण :

प्रश्न : अब क्या करेंगे?

उत्तर : अब चाकू से पहले मैं आलू और गाजर छीलूंगी।

3. There is no need to do (A)
(Verb(A)(oblique infinitive form) + की जरूरत नहीं है।)

उदाहरण :

अगर सूखी सब्जी बनानी है तो पानी डालने की जरूरत नहीं है
(A)

4. Please advice / tell me what should I /we do?
((मैं / हम) + क्या + करना(Subjunctive form) ?)

उदाहरण :

(हम) अब क्या करें?

(मैं) अब क्या करूँ?

5. It must not be that (X) is (C) ((X) + (C) + नहीं होना चाहिए)

उदाहरण :

पानी कम भी नहीं होना चाहिए और ज्यादा भी नहीं होना चाहिए।
(X) (C) (C)

Grammatical Explanation (व्याकरण व्याख्या)

1. Expressing the subject person's action:

Subjet person complete the first action, and while maintaining the situation of first action, subject person perfoming second action.

(1) First Action expressed by a verb (A)

X + Verb(A)(oblique form of past tense (पु. एक.)) + हुए + Verb(B)(second action)

(= X + Verb (A)(past tense form) + Verb (B))

उदाहरण 1:

First Action (A): मैं बैठा था।

Second Action(B): मैं किताब पढ़ रहा था।

↓

मैं बैठे हुए किताब पढ रहा था।
(X) (A) (B)

उदाहरण 2:

- भरत स्टेशन पर बैठा सोच रहा था क्या करूँ।
  (X) (A) (B)
- मैं घर में बैठा खाना खा रहा था।
  (X) (A) (B)
- आशा जी घर में बैठी किताब पढ रही थीं।
  (X) (A) (B)

(2) First Action expressed by an adjective (C)

(X) + Adjective(C) + (हुआ) + Verb(B)(second action)

उदाहरण 1:

मैं घर में खडा खाना खा रहा था।
(X) (C) (B)

उदाहरण 2:

मैं वह	घर	में	खड़ा	खाना फल	खा	रहा	था
			खड़ी	बिस्केट		रही	थी
				पानी	पी		
हम आप			खड़े	किताब	पढ़	रहे	थे
				गाना	सुन		
अशा जी			खड़ी	फूल	देख	रही	थीं

पाठ-24

Part 1. भारत के पूजा स्थल

भारत बहुत विशाल देश है। भारत को हिन्दुस्तान और इण्डिया भी कहते हैं। भारत में विभिन्न धर्मों और जातियों के लोग निवास करते हैं। दुनिया में बहुत कम ऐसे देश हैं जहाँ अनेक धर्मों, जातियों और भाषाओं के लोग एक साथ बड़े प्रेम से रहते हैं।

भारत में सभी धर्मों के लोगों को अपनी इच्छा से पूजा एवं प्रार्थना करने की पूरी आजादी है। यहाँ सभी लोग अपने-अपने त्यौहार और उत्सव मनाते हैं तथा दूसरे वर्गों के लोग भी उनमें शामिल होकर आनंद लेते हैं। बच्चों के लिए तो सभी त्यौहार समान हैं।

हिंदू लोग मंदिरों में पूजा करते हैं। हिंदुओं में अनेक देवी देवताओं की पूजा करने की परम्परा है। पूरे भारत में हर शहर, गाँव, कस्बे में देवी-देवताओं जैसे दुर्गा माँ शंकर, विष्णु, राम, कृष्ण, हनुमान आदि के सुंदर एवं भव्य मंदिर बने हुए हैं। भारत के प्रत्येक गाँव में एक ग्राम-देवता का मंदिर भी होता है। यह माना जाता है कि वह गाँव की रखवाली करता है और आने वाली विपत्तियों से गाँव की रक्षा करता है। मंदिरों में पूजा करवाने वाले व्यक्ति को पुजारी कहते हैं। लोग मंदिर में दीपक, धूप और अगरबत्ती जलाकर भगवान की अर्चना करते हैं, फूल व फूल मालाओं से पूजा करते हैं और फल व मिठाइयों का भोग लगाकर प्रसाद बाँटते हैं। लोग शिवलिंग पर दूध और जल चढ़ा कर भी पूजा करते हैं।

जैन लोग 24 तीर्थंकरों की पूजा करते हैं जिनमें भगवान महावीर जी प्रमुख हैं। वे अहिंसा में विश्वास रखते हैं। जैनियों में दो वर्ग हैं। दिगम्बर और श्वेताम्बर। दिगम्बर वर्ग के साधुओं में सर्वोच्च स्तर के साधु हैं जिन्हें मुनि भी कहते हैं। ये नंगे रहते हैं और पैरों में जूते भी नहीं पहनते। दूसरे वर्ग के लोग श्वेत (सफेद) वस्त्र पहनते हैं। वे किसी भी जीव को कष्ट देना पाप मानते हैं।

बौद्ध लोग भगवान बुद्ध की पूजा करते हैं। बौद्ध लोग पीपल के वृक्ष की पूजा करते हैं। ये भी अहिंसा में विश्वास करते हैं और हिंसा को पाप मानते हैं। भारत ही नहीं, जापान, कोरिया और चीन जैसे देशों में भी बौद्ध धर्म के अनुयायी (मानने वाले) बड़ी संख्या में रहते हैं।

सिक्ख लोग छोटे बड़े का भेद भूलकर गुरूद्वारे में कार सेवा करते हैं। सिक्ख लोग बहुत धर्म निष्ठ और अपने पंथ के लिए समर्पित होते हैं। सिख धर्म की विशेषता है कि लोग कर्म में विश्वास रखते हैं। ये सब लोग बहुत काम करते हैं। इसीलिए कोई सिक्ख आपको भीख मांगता हुआ नहीं मिलेगा। पंजाब के अमृतसर शहर में सिक्खों का बहुत ही प्रसिद्ध और महत्वपूर्ण गुरूद्वारा है, जिसका नाम "स्वर्ण मंदिर" है। सिक्ख लोग गुरूद्वारों में प्रार्थना करते हैं। सिक्ख धर्म में इनकी पुस्तक "गुरूग्रंथ साहिब" को बहुत महत्व दिया जाता है इसलिए सभी गुरूग्रंथ साहिब को नमस्कार करते हैं और बहुत सम्मान देते हैं।

मुसलमान मस्जिदों में प्रार्थना करते हैं। उनकी प्रार्थना नमाज कहलाती है। ये दिन में पाँच बार नमाज पढ़ते हैं। मस्जिद में नमाज पढ़वाने वाले को मौलवी कहते हैं। ईद और मोहर्रम मुसलमानों के प्रसिद्ध त्यौहार हैं। इस समय जगह-जगह मेले जैसा माहौल होता है। भारत में लगभग हर शहर में मुसलमानों की काफी बड़ी संख्या है।

ईसाई लोग गिरजाघरों में प्रार्थना करते हैं। रविवार के दिन यहाँ बहुत चहल-पहल रहती है। गिरजाघर को चर्च भी कहते हैं। भारत के सभी बड़े नगरों में चर्च हैं। ये लोग भगवान ईशु और उनके द्वारा जनकल्याण में दिये गये पवित्र उपदेशों का स्मरण करते हैं। चर्च में प्रार्थना करवाने वाले व्यक्ति को पादरी कहते हैं। ये बहुत ही आदरणीय एवं सम्मानित माने जाते हैं। ईसाई लोग शादी भी चर्च में ही करते हैं।

अतः भारत मंदिर, मस्जिद, चर्च और गुरूद्वारों से सजा देश है। यहाँ की सामाजिक-सांस्कृतिक छटा और कहीं देखने को नहीं मिलती।

Answer the following questions
(प्रश्नों के उत्तर दें)

1. भारत दुनिया के अन्य देशों से किस प्रकार भिन्न है?
2. भारत में किस चीज की आजादी है?
3. हिंदू लोग कहाँ पूजा करते हैं?
4. गाँव की रखवाली कौन-सा देवता करता है?
5. मंदिर में पूजा करवाने वाले व्यक्ति को क्या कहते हैं?
6. मंदिर में लोग कैसे पूजा करते हैं?
7. कौन-कौन से देवी-देवताओं के मंदिर बने हुए हैं?
8. शिव लिंग पर लोग क्या चढ़ाते हैं?
9. जैन लोग किस की पूजा करते हैं?
10. जापान, कोरिया और चीन में कौन से भारतीय धर्म के अनुयायी रहते हैं?
11. मुसलमान लोग कहाँ प्रार्थना करते हैं?
12. सिक्ख धर्म की धार्मिक पुस्तक कौन सी है? और वे कहाँ प्रार्थना करते हैं?
13. ईसाई लोग कहाँ और किसकी प्रार्थना करते हैं?

Practice Corner (अभ्यास कक्ष)

1. (A) वाले को (B) कहते हैं। (We call (A) (B))

उदाहरण 1:

चर्च में पूजा करवाने वाले को पादरी कहते हैं।
(A) (B)

उदाहरण 2:

मंदिर में पूजा करने	वाले	को	पुजारी	कहते हैं
मिट्टी के बर्तन बनाने			कुम्हार	
बाल काटने			नाई	
लकड़ी का काम करने			बढ़ई	
सोने की चीजें बनाने			सुनार	
मस्जिद में प्रार्थना करवाने			मौलवी	

2. (A) को (B) दिया जाता है। ((B) is given to (A))

उदाहरण 1: thing

सिक्ख धर्म में इनकी पुस्तक "गुरूग्रंथ साहिब" को बहुत महत्व दिया जाता है
(A) (B)

उदाहरण 2: person

<table>
<tr><td rowspan="2">यहाँ</td><td rowspan="2">आने वाले</td><td rowspan="2">को</td><td>खाना / दूध
कपड़ा</td><td>दिया</td><td>जाता</td><td rowspan="2">है</td></tr>
<tr><td>चाय / मिठाई</td><td>दी</td><td>जाती</td></tr>
</table>

3. It is considered/ believed that ... (यह माना जाता है कि ...)

उदाहरण :

यह माना जाता है कि वह गाँव की रखवाली करता है
और आने वाली विपत्तियों से गाँव की रक्षा करता है।

Part 2. पत्र

दिल्ली
15 अप्रैल 2008
आदरणीय पिता जी,

सादर प्रणाम,

आशा है घर पर माता जी, आप और आना सभी ठीक प्रकार से होंगे। मैं भी यहाँ पर स्वस्थ और प्रसन्न हूँ। आज मेरी छुट्टी है। मैं मन लगाकर हिंदी सीख रहा हूँ। भारत बहुत दिलचस्प देश है। आजकल मेरी परीक्षा चल रही है। इसलिए पत्र लिखने में थोड़ी देर हो गई। मेरा यहाँ मन लग गया है। यहाँ मेरे कई दोस्त भी बन गए हैं। आप मेरी चिंता न करें। माता जी को भी बताना, वे मेरे बारे में चिंतित न रहें।

आना ने भारत से कमीज सलवार मंगवाये थे। वे मुझे अच्छी तरह याद हैं। मैं जून में आऊँगा तो जरूर लाऊँगा। माता जी, नानी जी, दादा जी को मेरा प्रणाम कहना न भूलें। आना को मेरी ओर से प्यार।

आपको पुनः सादर प्रणाम।

आपका पुत्र
फिलिप

Practice Corner (अभ्यास कक्ष)

1. I hope that ... (आशा है (कि) ... होंगे।)

उदाहरण :

- आशा है घर पर माता जी, आप और आई सभी ठीक प्रकार से होंगे।
- आशा है अब आप के पास काफी पैसे होंगे।
- आशा है अब आप ठीक हो गये होंगे।
- आशा है आप के पास किताबें पहुँच गयी होंगी।

2. I desire that + Subjunctive sentence

उदाहरण 1:(एँ)

हमेशा	समय पर	उठें सोयें खायें

उदाहरण 2:(न + एँ)

- आप मेरी चिंता न करें।
- माता जी को भी बताना वे मेरे बारे में चिंतित न रहें।
- माता जी, नानी जी, दादा जी को मेरा प्रणाम कहना न भूलें।
- सुबह पूजा करना न भूलें।
- सुबह नाश्ते से पहले दवाई लेना न भूलें।

3. With all my heart (मन लगा कर)

उदाहरण :

मैं	मन लगा कर	हिंदी	सीख	रहा हूँ / रही हूँ
वह		अंग्रेजी		रहा है / रही है
हम		फ्रैंच		रहे हैं / रही हैं
तुम		स्पेनिश		रहे हो / रही हो
आप		जापानी		रहे हैं
वे		कम्प्यूटर		रहे हैं / रही हैं

Look at the Difference (अंतर देखें)

1. "करते हैं" और "करेंगे"

<u>उदाहरण :</u>

अब खाने की तैयारी करते हैं। पहले सब्जी काटते हैं।

अब खाने की तैयारी करेंगे। पहले सब्जी काटेंगे।

2. "करें" और "करेंगे"

<u>उदाहरण :</u>

आप मेरी चिंता न करें।

आप मेरी चिंता न करेंगे।

Plus one for Daily Life

1. India's principal administrative posts (भारत के प्रमुख प्रशासनिक पद)

केन्द्र सरकार

राष्ट्रपति

उपराष्ट्रपति

प्रधानमंत्री

अलग-अलग विभागों के (मंत्री)

लोक सभा अध्यक्ष

लोक सभा सदस्य

राज्य सभा सदस्य

राज्य सरकार

राज्यपाल

मुख्यमंत्री

अलग-अलग विभागों के मंत्री

विधान सभा सदस्य (विधायक)

न्यायालय

सर्वोच्च न्यायालय

मुख्य न्यायाधीश

न्यायाधीश

उच्च न्यायालय

मुख्य न्यायाधीश

न्यायाधीश

जिलान्यायालय

जिलान्याधीश

पंचायत

प्रधान

पंचायत सदस्य

पाठ-25

सहेली

गोहर : क्रिस्ट आज आप इतनी खुश क्यों हैं?

क्रिस्ट : आप भूल गयीं? आज मेरा जन्म दिन है।

गोहर : ओह-हो, मैं सचमुच (सच में) भूल गयी। आज तो हम पार्टी करेंगे। गाना गाएँगे, मजेदार खाना खाएँगे।

क्रिस्ट : लेकिन आज मेरा दोस्त आएगा। मैं उसके साथ घूमने जाऊँगी।

गोहर : हम भी साथ चलेंगे।

क्रिस्ट : वह अकेला पसंद करता है।

गोहर : चिंता मत कीजिए। हम उसका मजाक नहीं उड़ाएँगे।

क्रिस्ट : वह बहुत शर्मीला है। आप लोग रहेंगे तो वह बिल्कुल बात नहीं कर पाएगा।

गोहर : वह कोई बच्चा है क्या? या लड़की है? जो इतना शर्माता है?

क्रिस्ट : मैं कल उसके घर गयी थी। उसके घर को देखकर मुझे बहुत आश्चर्य हुआ। उसका घर बहुत बड़ा और सुंदर था। लेकिन उनके परिवार वालों से मिलकर मुझे बहुत निराशा हुई। वे बहुत अमीर हैं लेकिन मिलन सार और खुश मिजाज नहीं हैं। उनके पिताजी तो मुझे बहुत ही तुनक मिजाज और घमंडी लगे। उनका स्वभाव बहुत कठोर लग रहा था।

गोहर : और उनकी माँ कैसी थी?

क्रिस्ट : माँ भी हँसमुख नहीं थी। गम्भीर स्वभाव की थी।

गोहर : आपके दोस्त बहुत शर्मीले हैं तो जरूर माता-पिता के आज्ञाकारी भी होंगे।

क्रिस्ट : कल मैं उसके परिवार वालों के साथ मिलकर बहुत निराश हो गयी। मेरे विचार से उनके परिवार में मेरा दोस्त अलग स्वभाव का है। वह अपने माता-पिता से डरता तो है लेकिन वह बहुत दयालु है। बहुत प्यारा है।

गोहर : अभी मुझे गुस्सा आ रहा है। आप हमें साथ नहीं ले जा रही हैं।

क्रिस्ट : चिंता मत कीजिए। आप लोगों को मैं कल जरूर पार्टी दूँगी।

Practice Corner (अभ्यास कक्ष)

1. In my opinion, In my view, ... (मेरे विचार से ...)

<u>उदाहरण</u> :

मेरे विचार से उनके परिवार में मेरा दोस्त अलग स्वभाव का है।

2. Adjectives used when talking about someone's nature/charcter

<u>उदाहरण</u> : Adjective

शर्मीला	निराश	तुनाक-मिजाज
घमंडी	कठोर	हँसमुख
गम्भीर	दयालु	प्यारा
गुस्सा-वाला	चिंतित	

<u>उदाहरण</u> : Sentence

- वह लड़का बहुत शर्मीला है।
- मेरे पिताजी बहुत दयालु हैं।
- चिंतित आदमी का स्वास्थ्य अच्छा नहीं रहता।
- बसु बहुत गुस्से वाला है।
- उसका मन बहुत कठोर है।
- आई हँसमुख है।
- तमोको बहुत गंभीर है।

Look at the Difference (अंतर देखें)

1. "(X) को (A) हुई" and "(X) (C) हुई (हो गया)"

उदाहरण :

- उसके परिवार वालों से मिलकर मुझे निराशा हुई।
  (Subject = निराशा = Focus point)

- उसके परिवार वालों से मिलकर मैं निराश हो गयी।
  (Subject = मैं = Focus Point)

Note: निराशा = Noun, निराश = Adjective

2. "(X) को चिंता लगी थी" and "(X) चिंतित था"

उदाहरण :

- मुझे इसलिए बहुत चिंता लगी थी।
  (Subject = चिंता = Focus point)

- मैं बहुत चिंतित था घर कैसे पहुँचूँगा।
  (Subject = मैं = Focus Point)

Note: चिंता = Noun, चिंतित = Adjective

3. "(X) को खुशी है" and "(X) खुश है"

उदाहरण :

- मुझे खुशी है।
- मैं खुश हूँ।

Note: खुशी = Noun, खुश = Adjective

Word Corner (शब्द कक्ष)

1. Adjectives used when explaining about one's feelings

मजेदार

दुखी

खुश

निराश

मनोरंजक

अकेला

उत्तेजित

भयभीत

शर्मीला

आश्चर्य चकित

गुसैल / क्षुब्ध

परेशान

पाठ-26

ताजमहल

गौहर : सर मैंने सुना है आगरा का "ताजमहल" बहुत सुंदर है।

भरत : हाँ, यह सच है।

गौहर : मैं आगरा जाना चाहती हूँ। क्या आप मुझे बता सकते हैं? मैं कैसे जाऊँ?

भरत : आगरा जाने के लिए दिल्ली से कई रेलगाड़ियाँ जाती हैं। लेकिन मेरी सलाह है आप शताब्दी एक्सप्रेस से जाएँ। यह बहुत अच्छी गाड़ी है।

गौहर : यह कितने बजे जाती है?

भरत : यह नई दिल्ली से सुबह साढ़े छः (6:30) बजे चलती है।

गौहर : यह गाड़ी आगरा कितने बजे पहुँचती है?

भरत : यह गाड़ी आगरा साढ़े आठ (8:30) बजे पहुँचती है।

गौहर : वहाँ स्टेशन से ताजमहल कितनी दूर है?

भरत : पास ही है। लगभग छः कि. मी. होगा।

गौहर : वहाँ से कैसे जाएँगे?

भरत : वहाँ से ऑटो या साइकिल रिक्शा से जा सकते हैं।

गौहर : आगरा में और देखने लायक क्या-क्या है?

भरत : आगरा में कई ऐतिहासिक तथा सुंदर इमारतें हैं। आगरा का लाल किला, सिकंदरा, फतेहपुर सीकरी तथा दयालबाग-मंदिर देखने लायक हैं।

गौहर : क्या आप मुझे ताजमहल के बारे में थोड़ा बता सकते हैं?

भरत : हाँ, मैं आपको संक्षेप में ताजमहल के बारे में बताऊँगा।

ताजमहल संसार के सात आश्चर्यों में से एक है। यह भारत में उत्तर प्रदेश के आगरा शहर में है। आगरा दिल्ली से 200 कि. मी. की दूरी पर है। ताजमहल को भारत के पाँचवे मुगल-बादशाह शाहजहाँ ने अपनी बीवी मुमताज महल की याद में बनवाया था। कहा जाता है कि मुमताज महल बहुत ही खूबसूरत थी और शाहजहाँ उससे बहुत प्यार करते थे। मुमताज महल ने उम्र बहुत कम पायी थी। वह बीमार हो गयी और ठीक न हो सकी। मरने से पहले बादशाह से उसने कहा “मरने के बाद आप मुझे भूल जाएंगे”। बादशाह ने कहा “ऐसा क्यों सोचती हो, मैं तुम्हारी याद में एक ऐसा मकबरा बनवाऊँगा जो दुनिया में अपनी तरह का अकेला होगा। पूरी दुनिया के लोग उसे देखने आया करेंगे।”

मुमताज के मरने के बाद बादशाह बहुत दुखी रहने लगे। वे घंटों अकेले बैठे उसकी याद किया करते थे। कुछ दिनों बाद जब उनका दुःख हल्का हुआ तब उन्होंने मकबरा बनवाने की बात सोची। मुगल बादशाह इमारतें बनवाने के बहुत शौकीन थे। इसलिए उस दौरान देश-विदेश के अच्छे-अच्छे कारीगर भारत आया करते थे। बादशाह ने अपने दरबारियों से सलाह करके मकबरे के डिजाइन (नक्शे,

नमूने) मंगवाए। दुनिया के अच्छे-अच्छे कारीगरों ने अपने-अपने नक्शे बादशाह के पास भेजे। अंत में फारस के ईसा मसूद नामक कारीगर का नमूना उन्हें बहुत पसंद आया। वे खुशी से नाच उठे क्योंकि उन्हें उनके मन का नक्शा मिल गया था। उसमें लगी जालियाँ एक ही पत्थर से बनाई गई हैं।

बादशाह ने मकबरा बनाने का काम शुरू करवा दिया। मकबरा सफेद संगमरमर से बनाने का आदेश दिया गया। राजस्थान से सफेद संगमरमर और चार-दिवारी के लिए लाल-पत्थर मंगवाया गया। लगभग 20 हजार मजदूरों तथा करीगरों द्वारा दिन रात काम किया गया। पैसा पानी की तरह बहाया गया। बीस वर्षों की कड़ी मेहनत और करोड़ों रूपये के खर्च से जब मकबरा बन कर तैयार हुआ तब से लेकर आज तक देखने वाले अधिकतर लोगों ने इसे दुनिया का सबसे सुंदर मकबरा माना है।

यह मकबरा एक बहुत बड़े बगीचे में संगमरमर के ऊँचे चबूतरे पर बना हुआ है। चबूतरे के चारों कोनों पर ऊँची मीनारें बनी हुई हैं। बीच में एक बहुत ऊँचा गुम्बद बना हुआ है। गुम्बद के चारों ओर गोलाई में पहले हीरे जड़े हुए थे। अब उनके स्थान पर शीशे लगे हैं। चाँदनी रात में ये शीशे हीरों की ही तरह चमकते हैं। सफेद संगमरमर से बने होने के कारण चाँदनी रात में पृथ्वी पर पूर्णिमा के चाँद की तरह चमकता है। इसकी दीवारों पर बहुत ही कुशलता के साथ फूल, पौधे बनाए गए हैं। ये साधारण रंगों से नहीं बल्कि विभिन्न रंगों के बहुमूल्य पत्थरों को जड़कर बनाए गए हैं। इसकी कारीगरी का अंदाजा इसी से लगाया जा सकता है कि एक-एक फूल में रंगों, प्रकाश और छाया को दिखाने के लिए सैकड़ों पत्थर के टुकड़ों का प्रयोग किया गया है। पत्थर इस प्रकार के हैं कि प्रकाश आर-पार हो सकता है।

ताज में घुसते ही नीचे तहखाने में मुमताज महल की कब्र है। शाहजहाँ के मरने के बाद उनकी कब्र भी मुमताज महल के बराबर में ही बनवाई गई है।

ताज के पीछे बिल्कुल लगती हुई यमुना नदी बहती है। उसके सामने बहुत ही सुंदर बाग है। बाग के बीच में सुंदर फुवारे लगे हुए हैं। बाग और ताज

के चारों ओर लाल पत्थर की सुंदर किलानुमा दीवार है। इस दीवार के बाहर एक और दीवार है। मुख्य-द्वार से घुसते ही सुरक्षा जाँच है। बाहर की दीवार का दक्षिणी दरवाजा, बीच की दीवार का मुख्य दरवाजा और ताजमहल का मुख्य द्वार बिल्कुल एक सीध में है, इन तीनों द्वारों में लगभग एक किलोमीटर की दूरी है। लेकिन उनकी सीध में एक सें. मी. का भी अंतर नहीं है। ताज तीन सौ वर्ष पूर्व बना था लेकिन देखने पर कल का ही बना हुआ लगता है। यह शाहजहाँ और मुमताज के प्रेम की निशानी ही नहीं वास्तु-कला का अनुपम उदाहरण और दुनिया का गौरव भी है।

Answer the following questions

(प्रश्नों के उत्तर दें)

1. ताजमहल कैसी ईमारत है?
2. ताजमहल कहाँ है?
3. ताजमहल किसने और क्यों बनवाया था?
4. मरने से पहले मुमताज महल ने राजा से क्या कहा?
5. मुमताज के मरने के बाद बादशाह दुखी क्यों हो गया?
6. राजा किसे याद करते थे?
7. मुमताज महल की कब्र कहाँ है?
8. ताज से लगती हुई नदी कौन सी है?
9. सुरक्षा चौकी कहाँ है?
10. ताज कितना पुराना है?

8. It is said that .... : (कहा जाता है कि ....)

<u>उदाहरण :</u>

कहा जाता है कि मुमताज महल बहुत ही खूबसूरत थी।

9. (A) was made by (B) ((A) (B) से बनाया गया था)

<u>उदाहरण :</u>

<u>मकान</u> <u>मिट्टी</u> से बनाया गया था।
(A) (B)

<u>उदाहरण :</u>

कागज	से	हवाई जहाज	बनाया	गया	था
		नाव	बनाई	गयी	थी
लोहे		गाड़ी			
ईंटों		सड़क			
लकड़ी सीमेंट		दरवाजे पुल	बनाए	गये	थे

10. As soon as one enters.... (घुसते ही...)

<u>उदाहरण :</u>

घर में	घुसते ही	सामने पिताजी की तस्वीर लगी है उसने दरवाजा बंद कर लिया बिजली चली गयी
बाजार में		कपड़ों की दुकान है
कमरे में		सोफा है
दिल्ली में		ट्रैफिक जाम मिला
ताजमहल के मुख्य द्वार में		सुरक्षा जाँच चौकी है

Grammatical Explanation (व्याकरण व्याख्या)

1. Expressing an event that happen repeatedly

Verb (past tense)(पु. एक. form)(○○या) + करता/करती + होना

उदाहरण 1:

- मुगल बादशाह इमारतें बनवाने के बहुत शौकीन थे। इसलिए उस दौरान देश-विदेश के अच्छे-अच्छे कारीगर भारत आया करते थे।

उदाहरण 2:

मैं वह	अकेले	बैठा बैठी	उसकी याद	किया	करता करती	था थी
आप वे		बैठे			करते करती	थे थीं

2. Making a verb into a noun : (Verb ⇒ oblique infinitive)

उदाहरण 1: (... की बात) part1

- मैंने एक किताब लिखी।
- मैंने इसकी बात सोची।

↓

मैंने एक किताब **लिखने की बात** सोची।

उदाहरण 2: (... की बात) part2

मैंने उसने हमने तुमने उन्होंने	एक किताब	लिखने	की बात	सोची
	गाड़ी से	मुंबई जाने		
	संस्थान से	हिंदी सीखने		

उदाहरण 3:(... के कारण)

- ताजमहल सफेद संगमरमर से बना हुआ है।
- इस के कारण चाँदनी रात में ताजमहल पृथ्वी पर पूर्णिमा के चाँद की तरह चमकता है।

↓

सफेद संगमरमर से **बने होने के कारण** ताजमहल चाँदनी रात में पृथ्वी पर पूर्णिमा के चाँद की तरह चमकता है।

उदाहरण 4:(...का काम, ...का आदेश)

- बादशाह ने मकबरा बनाने का काम शुरू करवा दिया।
- मकबरा सफेद संगमरमर से बनाने का आदेश दिया गया।

उदाहरण 5:(...के बाद)

- शाम को खाना खाने के बाद पति-पत्नी शिलांग जाने की तैयारी में लग गये।

उदाहरण 6:(...की वजह से)

- दोस्त के तैयार हो जाने की वजह से भरत की कुछ चिंता कम हुई।

Word Corner (शब्द कक्ष)

1. Aggregate numbers
   (Indicating multiples of a number)

   उदाहरण 1: (indicating all around a place/building, etc.

   - चबूतरे के चारों कोनों पर ऊँची मीनारें बनी हुई हैं।
   - चारों तरफ अंधेरा है।

   उदाहरण 2: (refer to multiples of a number)

   - दर्जनों केले सड़ गये।
   - सैकड़ों लोग सड़क पर खड़े थे।
   - आँधी ने हजारों पेड़ों को उखाड़ दिया।
   - कहा जाता है कि भारत में लाखों भगवान होते हैं।

पाठ-27

Part 1. वन

पेड़ मानव को प्रकृति की अमूल्य देन है। मानव पहले वनों में ही रहता था। वह जंगली जानवरों का शिकार कर अथवा फलों से अपना पेट भरता था। जानवरों की खाल और पेड़ की छाल से ही सर्दी, गरमी और बरसात से अपने को बचाता था।

वन पर्यावरण को तो साफ रखते ही हैं इनसे हमारे जीवन की बहुत सारी जरूरतें भी पूरी होती हैं। ईंधन, घर बनाने, फर्नीचर व खेल का सामान बनाने के लिए लकड़ियाँ, पशुओं के लिए चारा और घास हमें वनों से ही प्राप्त होते हैं।

गोंद, चमड़ा रंगने की छाल, जड़ी बूटियाँ, दियासलाई, कागज बनाने के लिए लुगदी, बहुत सारे मेवे हमें वनों से ही प्राप्त होते हैं।

क्या आप जानते हैं चिकिल वृक्ष से चिकिलगम नामक रस निकाला जाता है। इसी रस से च्यूइंगम तैयार किया जाता है। राल, तारपीन और रेयन के कपड़े बनाने के उपयोग में आने वाला सेलुलोस वनों से ही प्राप्त होता है। सीसम, कीकर, चीड़, फर, तीता चम्पा, सागवान, आदि वृक्षों की लकड़ियाँ दरवाजे, खिड़कियाँ और फर्नीचर बनाने के काम आती हैं। चंदन की लकड़ियों से पूजा सामग्री तथा सुगंधित अगरबत्ती बनायी जाती है।

वनों से केवल हमें उपयोगी वस्तुएँ ही नहीं मिलती हैं बल्कि इनसे बारिश भी होती है। तापमान के नियंत्रण और प्रदूषण को कम करने में वनों का बहुत बड़ा योगदान है। इतना ही नहीं मिट्टी के कटाव को रोकने में वनों का योगदान बहुत उपयोगी हैं। भगवान ने प्रकृति का संतुलन बनाये रखने के लिए पृथ्वी पर बहुत से जानवर एवं पक्षियों को बनाया है। वन इन जानवरों और पक्षियों को सुरक्षित रखने में बहुत सहायता करते हैं। जरा सोचिये यदि संसार में पशु और पक्षी न होते केवल मनुष्य ही होता तो वह कैसा लगता। भारत के पूर्वोत्तर के राज्यों के जंगलों में हाथी, गैंडा, बाघ, हिरन, तेंदुआ, भालू, जंगली भैंसे पाए जाते हैं। गुजरात के जंगलों में सिंह पाए जाते हैं। भारत के अन्य प्रदेशों में भी चीतल, काला हिरन, नीलगाय आदि जंगली जानवर मिलते हैं। यदि वन न होते तो मोर जैसे सुंदर पक्षी देखने को न मिलते।

समुद्रों के किनारों तथा गंगा नदी के मुहाने के क्षेत्रों में काँटेदार-झाड़ियाँ हैं। पेड़ों को काटने पर रोक लगा दी गयी है और किसानों को अपने खेतों की मेंड़ पर पेड़ लगाने के लिए प्रोत्साहित किया जा रहा है। वन्य जीवों के शिकार पर भी रोक लगा दी गयी है और कई ऐसे क्षेत्र तैयार किए गए हैं जहाँ जंगली जानवर सुरक्षित रह सकें और उनकी संख्या में बढ़ोतरी हो सके। इन क्षेत्रों को अभ्यारण्य कहा जाता है। भारत के उत्तर प्रदेश में "कार्बेट पार्क", असम का "काजीरंगा", मध्य प्रदेश का "कान्हा", केरल में "परियार" और गुजरात में "गिर" अभ्यारण्य मुख्य हैं। मानव को

स्वस्थ और सुखमय जीवन देने वाले प्रकृति के इस सुंदर तोहफे का हमें सम्मान करना चाहिए और मनुष्य को केवल दिखावे की जरूरतों के लिए वन्य उत्पादों का उपयोग नहीं करना चाहिए। सुखमय जीवन के लिए हमें वनों से त्याग की शिक्षा लेनी चाहिए।

Answer the following questions

(प्रश्नों के उत्तर दें)

1. वनों से पर्यावरण पर क्या प्रभाव पड़ता है?
2. वनों से मनुष्य की कौन-कौन सी जरूरतें पूरी होती हैं?
3. च्यूइंगम कैसे और किस से तैयार किया जाता है?
4. सेलुलोस से क्या-क्या बनता है?
5. फर्नीचर बनाने के लिए कौन से पेड़ों की लकड़ियों का प्रयोग किया जाता है?
6. वनों से और क्या-क्या लाभ है?
7. भारत में शेर कहाँ पाया जाता है?
8. भारत के पूर्वोत्तर के राज्यों में कौन-कौन से जानवर पाये जाते हैं?
9. भारत में कौन-कौन से प्रमुख वन हैं?
10. राजस्थान के वनों का मुख्य पेड़ कौन सा है?
11. वनों का क्षेत्रफल निरंतर क्यों घट रहा है?
12. पहाड़ी वनों में कौन-कौन से पेड़ पाए जाते हैं ये पेड़ कैसे होते हैं?

Practice Corner (अभ्यास कक्ष)

1. Relative Pronoun: by which (...जिससे ...)

उदाहरण :

सरकार को ऐसी व्यवस्था करनी चाहिए	जिससे	लोग जंगली पशु मोर शेर	सुरक्षित रह सकें

2. Not only (A) but also (B) (केवल (A) ही नहीं बल्कि (B) भी)

उदाहरण :

वनों से केवल हमें उपयोगी (A) वस्तुएं ही नहीं मिलती है
बल्कि इनसे (B) बारिश भी होती है।

3. Not only that (A), (but also) (B) ((A) इतना ही नहीं (B))

उदाहरण :

- तापमान के नियंत्रण और प्रदूषण (A) को कम करने में वनों का बहुत बड़ा योगदान है। इतना ही नहीं मिट्टी के कटाव को (B) रोकने में वनों का योगदान बहुत उपयोगी है।

Grammatical Explanation (व्याकरण व्याख्या)

1. Passive sentence
   Referring to results occurring due to natural processes, habitual acts

Verb(A)(past tense form) + जाता + होना

उदाहरण :

- चिकिल वृक्ष से चिकिलगम नामक रस निकाला जाता है।
  (A)
- इसी रस से च्यूइंगम तैयार किया जाता है।
- चंदन की लकड़ियों से पूजा सामग्री तथा सुगंधित अगरबत्ती बनायी जाती है।

2. Passive sentence (present continuous)

Verb(A)(past tense form) + जा + रहा + होना

उदाहरण :

- लड़कों को हिंदी सीखने के लिए प्रोत्साहित किया जा रहा है।
  (A)
- किसानों को अपने खेतों की मेंड़ पर पेड़ लगाने के लिए प्रोत्साहित किया जा रहा है।
- बच्चों को पढ़ाई करने के लिए प्रोत्साहित किया जा रहा है।

3. Conditional Past
   Assume a certain situation, and then assume a certain result out of the same

अगर/यदि (created situation) + Verb(past tense) +होता, तो + (present participle sentence)

उदाहरण :

- जरा सोचिये यदि संसार में पशु और पक्षी न होते केवल मनुष्य ही होता तो वह कैसा लगता।
- यदि वन न होते तो मोर जैसे सुंदर पक्षी देखने को न मिलते।
- यदि उसने पढ़ा होता तो वह उसके बारे में कुछ तो जानती।

Word Corner (शब्द कक्ष)

1. Names of Animals (जानवरों के नाम)

हाथी elephant	शेर lion	बाघ tiger
घोड़ा horse	भालू bear	ऊँट camel
गाय cow	भैंस buffalo	बैल bullock
हिरण deer	गधा donkey	बकरी goat
लोमड़ी fox	गीदड़ jackal	बंदर monkey
खरगोश rabbit	कुत्ता dog	बिल्ली cat
चूहा mouse	कछुआ tortoise	साँप snake

कौआ crow	सारस crane	कोयल cuckoo
हंस swan	बाज़ hawk	गरूड़ eagle
मोर peacock	कबूतर pigeon	उल्लू owl

खटमल bug	मक्खी fly	मच्छर mosquito

Part 2. पेड़ और आदमी

आदमी कुल्हाड़ी से पेड़ काटना चाहता है। वह पेड़ के नीचे बैठकर कुल्हाड़ी की धार तेज कर रहा है। पेड़ उसे ऐसा करते देख कर उसकी मूर्खता पर अफसोस कर रहा है, साथ ही अपने जीवन का अंत देख कर डर भी रहा है।

पेड़ : भाई साहब, आपके हाथ में क्या है?

आदमी : यह कुल्हाड़ी है।

पेड़ : भाई साहब, आप उस से क्या कर रहे हैं?

आदमी : मैं इसकी धार तेज कर रहा हूँ।

पेड़ : इसकी धार तेज क्यों कर रहे हैं?

आदमी : मैं इससे तुम्हें काटूँगा।

पेड़ : आप मुझे क्यों काटना चाहते हैं?

आदमी : तुम्हें काट कर मुझे लकड़ियाँ मिलेंगी। उन्हें मैं बाजार में बेचूँगा। उन्हें बेचने से मुझे ढेर सारे पैसे मिलेंगे।

पेड़ : उन पैसों से आप क्या करेंगे?

आदमी : उन पैसों से मैं अपने बच्चों के लिए खाना, कपड़े, जूते, खिलौने आदि खरीदूँगा।

पेड़ : लेकिन आपने कभी सोचा है कि आपके बच्चे हमेशा से मेरे कंधों पर बैठकर खेलते हैं। वे कहाँ खेलेंगे? वे मेरी भुजाओं पर लटककर झूलते हैं, वे कहाँ झूलेंगे? जब फलों का मौसम आता है पूरे मोहल्ले भर के बच्चे महीनों मेरे मीठे फल खाते हैं। अगर मुझे काट देंगे तो क्या वे फल खा सकेंगे?

आदमी : तुम्हारी ये सब बातें ठीक हैं लेकिन रोटी, कपड़ा और मकान के लिए पैसा चाहिए। जीने के लिए बहुत चीजों की जरूरत होती है। उन सब चीजों के लिए पैसा चाहिए।

पेड़ : पैसा कमाने के लिए कोई और काम ढूँढ़िए।

आदमी : मैं पढ़ा-लिखा नहीं हूँ। और कोई काम क्या ढूँढू? आजकल वैसे भी काम आसानी से कहाँ मिलता है? मेरा काम है लकड़ी काटना और बाजार में बेचना। दुनिया में आजकल कितने लोग हैं यह तो आप जानते ही होंगे। मुझे कहाँ से काम मिलेगा?

पेड़ : आप जानते हैं कि दुनिया में बहुत लोग हैं। इन सब लोगों के लिए साफ हवा चाहिए। साफ पानी चाहिए। यदि आप पेड़ों को काट देंगे तो साफ हवा नहीं मिलेगी। पानी भी नहीं मिलेगा।

आदमी : पेड़ का साफ हवा से क्या मतलब?

पेड़ : मैं हवा से कार्बन डाई ऑक्साइड ले लेता हूँ और ऑक्सीजन छोड़ देता हूँ जिससे आप सब लोग जीवित रहते हैं। मैं मनुष्य के लिए बहुत महत्वपूर्ण हूँ।

आदमी : लेकिन मनुष्य की बहुत सारी जरूरतों के लिए लकड़ी तो चाहिए। जलाने के लिए लकड़ी चाहिए। फर्नीचर के लिए लकड़ी चाहिए। सजावट और दूसरी बहुत सारी चीजों के लिए लकड़ी चाहिए और बहुत कामों के लिए लकड़ी की जरूरत होती है। अगर पेड़ नहीं काटेंगे तो काम कैसे चलेगा?

पेड़ : अगर इन सभी के लिए आप पेड़ काटते रहे तो एक दिन सब पेड़ खत्म हो जाएँगे तब क्या करेंगे? उन दिनों के बारे में आपने सोचा है? वे दिन कैसे होंगे? चारों ओर धूल ही धूल होगी। सूखा होगा, धरती पर न पक्षी होंगे, न पशु होंगे, न पानी होगा।

आदमी : तो मैं क्या करूँ?

पेड़ : आप मुझे जड़ से काटे बिना भी मेरी शाखाओं से अपना काम चला सकते हैं। मैं मनुष्य की जरूरतों को पूरा करने के लिए ही अपना सब कुछ बलिदान करने के लिए ही पैदा हुआ हूँ। मेरा जीवन मनुष्य के लिए ही है।

आदमी : तुमने मेरी आँखें खोल दी। अब मैं कभी भी जड़ से कोई वृक्ष नहीं काटूँगा।

पेड़ : धन्यवाद! मैं आपका सच्चा दोस्त हूँ। मुझसे दोस्ती करो और मेरे जीवन का लाभ उठाओ। अगर मैं जीवित रहूँगा तो आपकी सेवा करता रहूँगा और

यदि मर भी गया तब भी मेरे सभी अंग आपके काम आएँगे।

आदमी : अब मैं अच्छी तरह समझ गया हूँ। मैं अपने जीवन में अधिक से अधिक पेड़ लगाऊँगा, उनको पालूँगा, उनसे फल खाऊँगा, उनके पत्तों और शाखाओं से अपनी जरूरतें पूरी करूँगा पर भूलकर भी उन्हें जड़ से नहीं काटूँगा।

Grammatical Explanation (व्याकरण व्याख्या)

1. Expressing the present state of things will have continued in future

Verb(A)(present participle) + रहना's future tense form

<u>उदाहरण :</u>

अगर मैं जीवित रहूँगा तो आपकी सेवा करता रहूँगा

Practice Corner (अभ्यास कक्ष)

1. (A) is obtained from (P)
   ((A) (P) से मिलता है)

उदाहरण :

ईंधन / गोंद (A)	वनों (P)	से	मिलता	है
चमड़ा रंगने की छाल			मिलती	
बाँस			मिलते	हैं
फर्नीचर की लकड़ियाँ जड़ी बूटियाँ			मिलती	

2. (A) is prepared/ made from (B)
   ((A) (B) से तैयार किया जाता है)

उदाहरण :

चिकिलगम रस (B) लोहे सीमेंट	से	चुविंगम (A) फर्नीचर मकान	तैयार	किया	जाता	है
लकड़ी		मेज		की	जाती	
लाइट स्टील		हवाई जहाज		किये	जाते	हैं
प्लास्टिक		कुर्सियाँ		की	जाती	

3. (A) can be got / found in (P) ((A) (P) में पाया जाता है)

उदाहरण :

भारतीय जंगलों (P)	में	शेर (A)	पाया	जाता	है
		लोमड़ी	पायी	जाती	
		मोर / हाथी	पाये	जाते	हैं
जापानी समुद्र		मछलियाँ	पायी	जाती	

पाठ-28

रेलवे स्टेशन

एक दिन की बात है संस्थान में क्रिसमस की छुट्टियाँ थी। सुबह के आठ बजे होंगे। मैं घर में बैठा चाय पी रहा था। अचानक मेरे घर की घंटी बजी। उठ कर दरवाजा खोला तो सामने कातो खड़ा था। मैंने कहा “अरे वाह! आज सुबह-सुबह ईद का चाँद कहाँ से निकल आया”। उसने कहा “बाजार आया था, सोचा आप से मिलता चलूँ” । मैंने कहा “अरे आइए-आइए, आपका स्वागत है”। “लीजिए चाय पीजिए”। चाय पीने के बाद दोनों ने गप मारे और बातों-बातों में तय हो गया कि कल जयपुर घूमने चलेंगे।

दूसरे दिन सुबह पाँच बजे हम दोनों ऑटो रिक्शा पकड़ कर पुरानी दिल्ली पहुँचे। पुरानी दिल्ली से जयपुर के लिए शताब्दी एक्सप्रेस साढ़े छः बजे चलती है। हम स्टेशन पहुँचकर सबसे पहले पूछताछ खिड़की पर पहुँचे।

कातो : श्रीमान जी, जयपुर जाने के लिए शताब्दी ट्रेन का टिकट कहाँ से मिलेगा?

पूछताछ अधि : कब जाना है?

कातो : आज ही जाना है।

पूछताछ अधि : पाँच नं. खिड़की से पता कीजिए वहाँ तत्काल टिकट मिलता है।

कातो : धन्यवाद, श्रीमान जी ।

(पाँच नं खिड़की पर)

कातो : श्रीमान जी क्या जयपुर के लिए शताब्दी ट्रेन का टिकट मिलेगा?

टिकट बाबू : कितने चाहिए?

कातो : दो दे दो।

टिकट बाबू	:	आपको कौन सी श्रेणी (क्लास) में चाहिए?
कातो	:	मुझे प्रथम श्रेणी ए. सी. चाहिए।
टिकट बाबू	:	इस गाड़ी में प्रथम श्रेणी ए. सी. नहीं है।
कातो	:	कौन सा मिलेगा?
टिकट बाबू	:	शताब्दी में एक्सयूकेटिव क्लास, चेयर कार और ए. सी. चेयर कार है।
कातो	:	एक्सयूकेटिव क्लास में दीजिए।
टिकट बाबू	:	एक्सयूकेटिव क्लास में वेटिंग लिस्ट में दो नम्बर है।
कातो	:	ए. सी. चेयर कार में देखिए।
टिकट बाबू	:	ए. सी. चेयर कार में मिल जाएगा।
कातो	:	ए. सी. चेयर में दीजिए।
टिकट बाबू	:	यह फार्म भर कर दीजिए।
कातो	:	(थोड़ी देर बाद) यह लीजिए।
टिकट बाबू	:	ठीक है।
कातो	:	गाड़ी कितने बजे चलेगी?
टिकट बाबू	:	गाड़ी सात दस (7:10) पर चलेगी।
कातो	:	यह गाड़ी कौन से प्लेट फार्म से जाती है?
टिकट बाबू	:	पाँच नम्बर से जाती है। यह लीजिए टिकट, इस पर समय, सीट नंबर और बोगी नंबर लिखा है। 1850 रूपये दीजिए।
कातो	:	थोड़ा ज्यादा है।
टिकट बाबू	:	हाँ, तत्काल टिकट थोड़ा महंगा है।
कातो	:	लीजिए, दो हजार रूपये।
टिकट बाबू	:	कृपया खुले दीजिए।
कातो	:	माफ कीजिए। मेरे पास खुले नहीं है।
टिकट बाबू	:	लीजिए, 150 रूपये।
कातो	:	धन्यवाद, श्रीमान जी ।

टिकट लेकर हमने कुली को बुलाया। हमारे पास थोड़ा सा ही सामान था। कुली सामान लेकर आगे-आगे चला। हमने उसे बताया कि हम शताब्दी से जयपुर जाएँगे। उसने बताया जयपुर के लिए शताब्दी दो नं. प्लेटफार्म से जाती है। हमने पूछा "आप कितने पैसे लेंगे?" । उसने कहा "जो इच्छा हो दे देना साहब" । मैंने फिर कहा "नहीं आप पहले बताइये, बाद में आप ज्यादा मांगते हैं" । वह बोला "ऐसा नहीं है साहब, जायज पैसे ही मांगते हैं। "फिर भी बताइये, कितने लेंगे" । उसने कहा "बीस (20) रूपये दे देना साहब" । मैंने कहा, "ठीक है चलिए" ।

कुली के साथ-साथ हम प्लेटफार्म नं. दो की तरफ जा रहे थे। सामने और पीछे से लोगों की इतनी भीड़ थी कि कुली के साथ चलना मुश्किल हो रहा था। जैसे-तैसे हम प्लेटफार्म पर पहुँचे। प्लेटफार्म पर भी बहुत भीड़ थी। प्लेटफार्म सामान से खचाखाच भरा था। कहीं पर लोग कपड़े बिछाकर लेटे हुए थे। कुछ लोग अपने सामान पर ही आड़े-तिरछे पड़े हुए थे। ये शायद फौजी थे। बैठने की कोई जगह नहीं थी। गाड़ी लगने में अभी बीस (20) मिनट थे। सामने ही चाय का स्टाल था वहाँ काफी लोग खड़े-ख़ड़े चाय पी रहे थे। मैंने भी वहाँ से एक पानी की बोतल खरीदी। मैंने दुकानदार से पूछा, "चाय कितने रूपये की है?" उसने बताया, "चार रूपये की है"। बहतु अच्छी चाय है। मैंने बोतल कातो जी को दी और दो कप चाय के पैसे दुकानदार को दिये। एक कप चाय कातो जी की ओर बढ़ायी तथा दूसरा कप लेकर मैं बराबर वाली किताबों की दुकान पर गया। मैंने दुकानदार से हिंदी कहानियों की एक अच्छी पुस्तक देने के लिए कहा। उसने मुझे अकबर बीरबल की कहानियों की किताब दिखायी। मैंने उस किताब के कुछ पन्ने पलटे और पूछा "यह किताब कितने रूपये की है"? उसने बताया, "वैसे तो इसकी कीमत तीस रूपये है लेकिन आप विदेशी हैं और हिंदी पढ़ना चाहते हैं इसलिए आपके लिए बीस (20) रूपये में है।

मैं बहुत खुश हुआ। मैंने उसे बीस (20) रूपये दिये। तभी हमारी गाड़ी आकर लग गयी। कुली ने हमारा सामान गाड़ी में रखा। हम गाड़ी में अपनी सीट पर बैठ गये। मेरी सीट खिड़की के पास थी। मैं बैठे-बैठे खिड़की के बाहर प्लेटफार्म पर देखता रहा और सोचता रहा भारतीय लोग बहुत हिम्मत वाले हैं। जहाँ भी जाते हैं पूरा घर उठाकर ले जाते हैं। प्लेटफार्म पर कुली सामान लेकर इधर से उधर आ जा रहे थे। उनके सिर पर तीन मंजिल सामान था तो दोनों कंधों पर बैग टंगे हुए थे। उनकी वर्दी भी विशेष है। अलग ही पहचान में आती है। लाल कमीज। थोड़ी देर बाद हमारी ट्रेन चली और मेरी नजर स्टेशन के दृश्य पर ही टिकी रही थोड़ी देर बाद ट्रेन तेज गति से चलने लगी और स्टेशन पीछे छूट गया तभी चाय आ गयी। हम चाय पीते, नाश्ता करते और बातें करते न जाने कब जयपुर पहुँच गये। जब

हम ट्रेन से उतर कर स्टेशन से बाहर आए तो रिक्शा-टैक्सी वालों की भीड़ ने स्टेशन का पूरा गेट घेरा हुआ था। ऐसा लगता था बाहर जाना बहुत मुश्किल है। हिम्मत करके जैसे ही हम आगे बढ़े चारों ओर से लोग अपनी-अपनी ओर खींचने लगे "मेरे साथ आइए साहब, मेरे साथ आइए"। इस छीना-झपटी से जैसे-तैसे बचकर निकले और हमने एक टैक्सी ली। टैक्सी वाला आगे कम देखता था पीछे देखकर बातें ज्यादा करता था। कई बार गाड़ी भिड़ते-भिड़ते बची। होटल पहुँचकर ही हमने चैन की सांस ली। टैक्सी वाले को किराया चुकाया और हम अंदर आये।

Practice Corner (अभ्यास कक्ष)

1. May be/Might.... (होंगे)

उदाहरण :

सुबह के आठ बजे होंगे।

2. It was so much (A) that .... (इतना (A) कि ...)

उदाहरण :

सामने और पीछे से लोगों की इतनी भीड़ (A) थी कि कुली के साथ चलना मुश्किल हो रहा था।

3. somehow or other, with difficulty (जैसे-तैसे...)

उदाहरण :

सामने और पीछे से लोगों की इतनी भीड़ थी कि कुली के साथ चलना मुश्किल हो रहा था। जैसे-तैसे हम प्लेट फार्म पर पहुँचे।

4. There is no place to Verb(A)
(Verb(A)(oblique infinitive form) का कोई जगह नहीं + होना)

उदाहरण :

बैठने (A) की कोई जगह नहीं थी।

5. There are ... minutes left before something happens (verb(A))
(Verb(A)(oblique infinitive form) + में +... मिनट + होना)

उदाहरण :

गाड़ी लगने (A) में अभी बीस (20) मिनट थे।

6. (X) told (Y) to give (A) ((X)ने (Y) से (A) देने के लिए कहा।)

उदाहरण :

मैंने दुकानदार से हिंदी कहानियों की एक अच्छी पुस्तक देने के लिए कहा।
(X) (Y) (A)

7. It was ... o'clock when I arrived at (P)
(जब मैं (P) पहुँचा .... बजे थे)

उदाहरण :

जब	मैं	स्टेशन (P) बस अड्डे हवाई अड्डे घर संस्थान बाजार दिल्ली मुंबई	पहुँचा	सुबह	के	छः सात आठ	बजे	थे
				दोपहर		दो		
				शाम		पाँच		
				रात		दस ग्यारह		

8. I arrived at (P) by (A) (the means of transportation)
(मैं (A) पकड़ कर (P) पहुँचा।

उदाहरण :

मैं तू वह	आटो पकड़ कर (A) टैक्सी लेकर गाड़ी चलाकर थैला उठाकर	घर (P) दफ्तर अस्पताल होटल	पहुँचा
हम तुम आप वे			पहुँचे

9. (X) became (C) ((X) (C) हुआ) (Expressing one's feelings)

<u>उदाहरण :</u>

<u>मैं</u> बहुत <u>खुश</u> हुआ।
(X) (C)

10. As soon as .... (जैसे ही .....)

<u>उदाहरण :</u>

जैसे ही हम आगे बढ़े चारों ओर से लोग अपनी ओर खींचने लगे।

Grammatical Explanation (व्याकरण व्याख्या)

1. Continuing Action: Using Verb two times, emphasises that something happened in a state where a person continued to be in that state

(1) Verb repeat

उदाहरण :

- मैं बैठे-बैठे खिड़की के बाहर प्लेटफार्म पर देखता रहा।
- लोग बैठे-बैठे खा रहे थे।
- हम बैठे-बैठे थक गये।

(2) Adjective repeat

उदाहरण 2:(Adjective)

वह	खड़े-खड़े	थक	गया गयी
हम आप वे			गये

2. Expressing that a person was trying hard to do something, but was not able to do ((X) could not do .....)

(X) + से + Verb(A)(Past tense form) + न + जाना

उदाहरण :

उससे उठा न गया। (He tried to stand up very hard, but he could not.)
(X) (A)

उससे सोया न गया। (He tried to sleep very hard, but he could not.)
(X) (A)

Look at the Difference (अंतर देखें)

1. "आते समय" और "आने के समय"

उदाहरण 1: आते समय (from starting until reaching the destination)

भारत गाँव पिताजी के घर	से	वापस	आते	समय	बहुत दुख हुआ

उदाहरण 2: आने के समय (just before starting of the action "come")

स्कूल आने फुटबाल खेलने खाना खाने	के समय	मेरा दोस्त मेरे घर आया

2. "बैठे-बैठे" , बैठे हुए और "बैठा (हुआ)"

उदाहरण :

मैं बैठे-बैठे खिड़की के बाहर प्लेटफार्म पर देखता रहा।

मैं बैठे हुए खिड़की के बाहर प्लेटफार्म पर देखता रहा।

मैं बैठा खिड़की के बाहर प्लेटफार्म पर देखता रहा।

3. "खड़े-खड़े" और "खड़े"

उदाहरण :

वहाँ काफी लोग खड़े-खड़े चाय पी रहे थे।

वहाँ काफी लोग खड़े चाय पी रहे थे।

पाठ-29

Part 1. गाँव की सैर

भारत गाँवों का देश है। लगभग 70 प्रतिशात लोग आज भी गाँवों या छोटे कसबों में रहते हैं। एक दिन मैं अपने भारतीय मित्र डॉ. भरत के साथ उनके गाँव गया। डॉ. भरत ने बताया पहले गाँव का जीवन बहुत कठिन था। लोगों का जीवन-स्तर बहुत नीचे था, लेकिन अब धीरे-धीरे ऊपर उठ रहा है। सरकार लोगों के जीवन स्तर को उठाने और शिक्षा की स्थिति सुधारने के लिए काफी कोशिश कर रही है। इसके लिए सरकार ने कई योजनाएं बनाई हैं। पहले गाँव में कच्चे रास्ते थे और घर भी कच्चे थे। स्कूल के लिए भी भवन नहीं था।

हम गाँव में घूमे। हमने देखा रास्ते पक्के बन रहे थे और बिजली के खंभे गड़ रहे थे। हमने लोगों से पूछा यह सड़क कौन बना रहा है। तो पता चला कि सड़क सरकार बनवा रही थी और बिजली के लिए खंभा गड़वा रही थी। लगता है गाँवों में एक महीने में बिजली पहुँचने वाली है। बिजली पहुँचाने के लिए बहुत जोर-शोर से काम चल रहा है। लोग भी आजकल खेती के अलावा शहर में जाकर कुछ काम करते हैं और पैसा कमाते हैं। आजकल गाँव में भी सब लोग पक्के मकान बनवा रहे हैं। हम जब गाँव में डॉ. भरत के घर पहुँचे तो वहाँ बैठे लोग हमें देख कर उठने लगे। डॉ. भरत के पिता जी से उठा नहीं गया तो लोगों ने पकड़ कर उन्हें उठाया और पास पड़ी कुर्सी पर बिठाया। डॉ. भरत ने बताया पहले गाँव में गरीबी बहुत थी इसलिए जो कुछ कमाते थे उसे खा लेते थे। कुछ नहीं बचता था। आजकल खाने के बाद लोग घर बनवाने व बच्चों को अच्छी शिक्षा दिलवाने के लिए अपनी कमाई में से बचत करते हैं।

गाँव में एक छोटा बैंक भी है। डॉ. भरत के घर में टेलीफोन लगा है यह टेलीफोन उन्होंने एक साल पहले लगवाया था। गाँव के लोग जो बाहर शहर में काम करते हैं अपने परिवार के लोगों से इसी फोन पर बात करते हैं। गाँव में कुछ पढ़े लिखे लोग भी हैं जो अंग्रेजी समझते हैं। जब अंग्रेजी में किसी का कोई

पत्र आता है तो ये लोग ही उन्हें हिंदी में समझाते हैं।

आजकल गाँव में फसल कटने का समय है। लोग खेतों में सरसों, गेहूँ, जौ काट रहे हैं। कुछ दिन बाद सूख जाएँगे तो मशीन से गेहूँ निकालेंगे। कुछ गाड़ियों में गेहूँ लदा हुआ था। कुछ किसान अपनी गाड़ियों में गेहूँ लाद रहे हैं तो कुछ लोग गन्ना लाद रहे हैं। किसानों के बच्चे दादा जी के साथ खेत में घूम रहे हैं। दादा जी बच्चों को खेत दिखा रहे हैं। कुछ छोटे बच्चे पेड़ों की छाँह में अपनी माता जी के साथ लेटे हुए हैं, उनकी मां ने उन्हें अपने पास लिटाया हुआ है। कुछ महिलाएँ खेत काट रही हैं, उनके बच्चे सोए हुए हैं, उन्होंने उनको झोंपड़ी में सुलाया हुआ है।

हम खेतों में घूमकर जब वापस घर पहुँचे थे तो घर के बाहर ही ताजा सब्जी बिक रही थी। एक किसान अपनी गाड़ी में बैठा सब्जी बेच रहा था। तभी डॉ. भरत का छोटा बेटा रोते हुए वहाँ आया उसकी गाड़ी टूट गयी थी। उसके किसी साथी ने उसे तोड़ दिया था। भरत ने उसे समझाया कि कोई बात नहीं वे उसके लिए दूसरी गाड़ी खरीद देंगे लेकिन वह रोता ही जा रहा था। तभी डॉ. भरत की पत्नी ने हमें खाना खाने के लिए बुलवाया। उनकी बेटी हमें बुलाने के लिए आयी थी। हम जैसे ही अंदर गए तो डॉ. भरत की पत्नी हाथ में पानी का लोटा और तौलिया लिए खड़ी थी। उन्होंने हमारे हाथ धुलवाये हमने हाथ धो कर तौलिए से पौंछे। उन्होंने हमें बड़े ही आदर से बिठाया और देवरानी से बोली दो सूप लाइए। सूप लेने के बाद हमने खाना शुरू किया, उन्होंने बड़े ही प्रेम से हमें खाना खिलाया। खाने के बाद हमें गाँव के ताजे दूध की बहुत ही स्वादिष्ट खीर खिलवायी।

खाने के बाद डॉ. भरत ने कहा "क्या आप गाँव के लोक गीत सुनना चाहते हैं?"। मैंने कहा "जरूर"। उन्होंने टेप रिकार्डर पर लोकगीत सुनवाये मैं ये गीत सुनकर बहुत खुश हुआ। इसके बाद थोड़ी देर आराम किया। शाम को चलते समय डॉ. भरत ने गाँव का स्कूल दिखाया। वापस आते समय सभी ने बड़े प्रेम से मुझे विदा किया। मैंने देखा उनकी आंखों में प्रेम की एक विशेष चमक दिखाई दे रही थी।

Practice Corner (अभ्यास कक्ष)

1. Verb "बनना", "बनाना" और "बनवाना"

उदाहरण 1:

बनना : हमने देखा रास्ते पक्के बन रहे थे और बिजली के खंभे गड़ रहे थे।

बनाना : हमने लोगों से पूछा यह सड़क कौन बना रहा है।

बनवाना : सड़क सरकार बनवा रही थी और बिजली के लिए खंभा गड़वा रही थी।

उदाहरण 2: बनवाना

ताजमहल	शाहजहाँ	ने	बनवाया	था
इण्डियागेट क्नॉट प्लेस	अंग्रेजों			
यह मकान	पिता जी			
कुतुबमीनार	कुतबुद्दीन		बनवायी	थी
ये कपड़े	माता जी		बनवाये	थे
ये इमारतें	अंग्रेजों		बनवायी	थीं

2. Verb "पहुँचना" और "पहुँचाना"

उदाहरण :

पहुँचना : एक महीने में बिजली पहुँचने वाली है।
मैं सुबह दस बजे कार्यालय पहुँचता हूँ।

पहुँचाना : बिजली पहुँचाने के लिए बहुत जोर-शोर से काम चल रहा है।
पिज़ाहट दुकानदार पिज़ा घर पहुँचाता है।

3. Verb "देना" और "दिलवाना"(दिलाना)

उदाहरण :

देना : उसने मुझे अच्छी चाय दे दी।

दिलवाना : मैं वसु को बिस्केट दिलवाता हूँ।
आजकल खाने के बाद लोग घर बनवाने व बच्चों को अच्छी शिक्षा दिलवाने के लिए अपनी कमाई में से बचत करते हैं।

4. Verb "लगना", "लगाना" और "लगवाना"

उदाहरण :

लगना : डॉ. भरत के घर में टेलीफोन लगा है।

लगाना : गणेश ने यह टेलीफोन लगाया था।

लगवाना: यह टेलीफोन डॉ. भरत ने एक साल पहले लगवाया था।

5. Verb "समझना" और "समझाना"

उदाहरण :

समझना : गाँव में कुछ पढ़े लिखे लोग भी हैं जो अंग्रेजी समझते हैं।

समझाना :जब अंग्रेजी में किसी का कोई पत्र आता है तो ये लोग ही उन्हें हिंदी में समझाते हैं।

6. Verb "लदना" और "लादना"

उदाहरण :

लदना : कुछ गाड़ियों में गेहू लदा हुआ था।

लदाना : कुछ किसान अपनी गाड़ियों में गेहू लाद रहे हैं तो कुछ लोग गन्ना लाद रहे हैं।

7. Verb "लेटना" और "लिटाना"

उदाहरण :

लेटना : कुछ छोटे बच्चे पेड़ों की छांह में अपनी माता जी के साथ लेटे हुए हैं।

लिटाना :उनकी मां ने उन्हें अपने पास लिटाया हुआ है।

8. Verb "कटना", "काटना" और कटवाना

उदाहरण :

कटना : आजकल गाँव में फसल कटने का समय है।

काटना : लोग खेतों में सरसों, गेहू, जौ काट रहे हैं।

कटवाना: किसान खेतों में गेहूँ कटवा रहा है।

Grammatical Explanation (व्याकरण व्याख्या)

1: Changing a verb into a modifier
(Example: person who have been sitting there (वहाँ बैठे लोग))

उदाहरण 1:

- लोग वहाँ बैठे (हुए) थे।
- ये लोग हमें देखकर उठने लगे।

↓

वहाँ बैठे (हुए) लोग हमें देख कर उठने लगे।

उदाहरण 2:

- कुर्सी पास पड़ी (हुई) थी।
- लोगों ने उन्हें उठाया और इस कुर्सी पर बिठाया।

↓

लोगों ने उन्हें उठाया और पास पड़ी कुर्सी पर बिठाया।

2. Causative Verb ((X) gets (Y) to do)

(X) (Y) से Causative Verb(A)(○○वाना) + होना

उदाहरण 1:

वह (X)	मजदूरों (Y)	से	घर बनवा रहा है (A)
सरकार			सड़क बनवा रही है
कातो जी			घर बनवा रहे हैं
माता जी	पिता जी		चिड़िया उड़वा रही हैं

उदाहरण 2:

छात्र हिंदी लिखते हैं।	→	मैं छात्र से हिंदी लिखवाता हूँ।
धोबी कपड़े धोता है।	→	वे धोबी से कपड़े धुलवाते है।

उदाहरण 3:

- सरकार मजदूरों से फलाई ओवर बनवा रही है।
- गोहर ने बच्चे को नौकरानी से दुध पिलवाया।
- उन्होंने नौकर से दरवाजा खुलवाया।

3. Explaining that while doing a certain action(Verb (A)), he/she takes another main action(Verb (B)).

(X) + Verb(A)(present participle)(oblique form of पु. एक.) + हुए(oblique form of "हुआ") + Verb(B)

Note: Verb A is functioning as an adverb.

उदाहरण 1:

वह रोते हुए वहाँ आया। (He came there, with crying.)
(X) (A) (B)

महिलाएं गीत गाते हुए पूजा करती हैं। (Women pray, with singing.)
(X) (A) (B)

उदाहरण 2:

वह	रोते	हुए	वहाँ	आया
वे	हँसते			
	खेलते			आये
	गाते			
	कूदते			
	दौड़ते			

उदाहरण 3:

मैं	ने	चलते	हुए	इधर-उधर	देखा
उस		दौड़ते		दायें-बायें	
मोहन				आगे-पीछे	
गीता				चारों ओर	
हम				ऊपर	
उन्हों				नीचे	

Part 2. वार्तालाप

गोहर : क्या मैं अंदर आ सकती हूँ?

भरत : हाँ, आइए, कहिए क्या बात है?

गोहर : गुरू जी, आपने जो किताब मुझे दी थी वह मैंने पढ़ ली है। वह बहुत अच्छी किताब है।

भरत : आपको पुस्तक समझ में आई?

गोहर : हाँ, मैं समझ गयी। मैंने वह किताब दो बार पढ़ी। जब मैंने उसे पहली बार पढ़ा था मैं अच्छी तरह नहीं समझ सकी। लेकिन जब मैंने दूसरी बार पढ़ी तो मैं पूरी तरह समझ गयी।

भरत : क्या वह पुस्तक बोता ने भी पढ़ी?

गोहर : शायद उसने भी पढ़ी होगी। क्योंकि मैंने उस किताब के बारे में उसे बताया था तो वह पहले ही उसके बारे में काफी जानती थी।

भरत : और मरीना ने?

गोहर : मैं सोचती हूँ मरीना ने वह पुस्तक नहीं पढ़ी। यदि उसने पढ़ी होती तो वह उसके बारे में कुछ तो जानती।

भरत : मरीना आजकल क्या पढ़ रही है?

गोहर : मरीना पहले बहुत पढ़ती थी। आजकल उसका मन नहीं लग रहा है।

भरत : क्यों? क्या बात है?

गोहर : उसकी माता जी बीमार हैं। शायद इसलिए वह उदास रहती है।

भरत : अभी वह क्या कर रही है?

गोहर : जब मैं आयी थी उस समय वह खाना बना रही थी। पहले वह हर रोज रात को दो घंटे तक पढ़ा करती थी।

भरत : क्या उसे उसकी माँ का कोई पत्र मिला है?

गोहर : नहीं। उसकी माँ उसे पत्र लिखती तो मिलता। वह तो बहुत बीमार हैं।

भरत : अच्छा। तो यह बताओ आज आपका क्या कार्यक्रम है? क्या आपको अपना

वादा याद है?

गोहर : जी हाँ, मैं अपना वादा नहीं भूली पर आप अपना वादा भूल गये।

भरत : कौन सा वादा? मैं आपकी बात नहीं समझा।

गोहर : याद कीजिए। आपने कहा था "एक दिन आपको एक अच्छी हिंदी फिल्म दिखाऊँगा" भूल गये क्या?

भरत : हाँ-हाँ, लेकिन कोई अच्छी फिल्म आजकल सिनेमा घर पर लगी ही नहीं है।

गोहर : ठीक है तो मैं अब जाऊँगी।

भरत : अभी बैठो बाहर किसी ने छींका है?

गोहर : छींका नहीं बाहर किसी ने खाँसा है। नमस्ते, फिर मिलेंगे।

भरत : नमस्ते।

Practice Corner (अभ्यास कक्ष)

1. When (X) + (past tense sentence), (Y) was doing ....
   (जब (X) + (past tense sentence),
   उस समय (Y) + N+Verb(मूलधातु) + रह + होना)

   उदाहरण :

   जब मैं आयी थी उस समय वह खाना बना रही थी।
   (X) (Y)

Look at the Difference (अंतर देखें)

1. "समझ में आई", "समझते हैं" और "समझ गये"

उदाहरण :

- आपको यह पुस्तक समझ में आई? (Main focus is on "यह पुस्तक".)
- आप हिन्दी समझते हैं? (General Question)
- आप यह पुस्तक समझ गये? (Main focus is on "आप".)

2. "पढ़ा करता था" और "पढ़ता था"

उदाहरण 1:

- पहले वह हर रोज रात को दो घंटे तक पढ़ा करती थी। (Emphasis)
- पहले वह हर रोज रात को पढ़ती थी। (Habitual Action of the past)

उदाहरण 2:

- वे माँ को याद किया करते थे। (Emphasis)
- वे माँ को याद करते थे। (Habitual Action of the past)

3. "पीते" और "पी"

उदाहरण :

- हम चाय पीते, नाश्ता करते और बातें करते।
  (The length of action is long, and continue for some time.)
- हमने चाय पी, नाश्ता किया और बातें की।
  (There is no clue whether the action continued for some time or not. This is a general past tense statement.)

पाठ-30

Part 1. भारत

बहुत पहले इस देश में दुष्यंत नाम का राजा राज करता था। उसने शकुंतला नाम की ऋषि कन्या से विवाह किया। शकुंतला और दुष्यंत का पुत्र था भरत। भरत बहुत ही योग्य, वीर, न्याय प्रिय और बुद्धिमान राजा सिद्ध हुआ। उसने अपने राज्य का बहुत विस्तार किया तथा अपनी प्रजा के सुख-दुख का ध्यान रखा। देश की जनता अपने राजा से बहुत प्रेम करती थी। उनके स्वर्गवास के बाद इस देश का नाम पड़ा भारत या भारतवर्ष। इसके दो और नाम भी है हिन्दुस्तान और

इण्डिया। इन दोनों नामों का भी इतिहास है। आजकल हिन्दुस्तान का अर्थ हिंदुओं का देश भी लिया जाता है लेकिन यह ठीक नहीं है। इसका संबंध सिंधु नदी से है। सिंधु से ही हिंदु और उसी से इण्डस और फिर इण्डिया हुआ।

भारत एशिया महाद्वीप में स्थित है। उत्तर में कश्मीर से लेकर दक्षिण में कन्याकुमारी तक इसकी लम्बाई दो हजार मील और पश्चिम में गुजरात से पूरब में पूर्वी सीमा तक इसकी चौड़ाई 1700 मील है। इसके उत्तर में दुनिया का सबसे ऊँचा पर्वत हिमालय है। वह एक ओर तो उत्तर से आने वाली बर्फीली हवाओं को रोकता है तो दूसरी ओर दक्षिण पश्चिम की मानसूनी हवाओं को रोक कर पूरे देश में अच्छी बारिश करवाता है। हिमालय के अधिकांश ऊँचे क्षेत्रों में वर्ष भर बर्फ रहती है जो देश की महत्वपूर्ण नदियों के द्वारा मैदानी भागों में सिंचाई, पीने का पानी, नगरों व उद्योगों के लिए बिजली देती है।

दक्षिण में भारत की पूर्वी और पश्चिमी सीमा एक ओर हिंद महासागर और दूसरी ओर बंगाल की खाड़ी से घिरी हुई है। भारतीय सागर तट की कुल लम्बाई साढ़े तीन हजार मील है।

भौगोलिक बनावट की दृष्टि से भारत को तीन भागों में बाँटा जाता है।

1. हिमालय का पहाड़ी क्षेत्र
2. नदियों का मैदानी क्षेत्र
3. दक्षिण का पठारी क्षेत्र

हिमालय पश्चिम में कश्मीर से पूरब में बर्मा तक लगभग 1,500 मील की लम्बाई और लगभग दो सौ मील की चौड़ाई में फैला हुआ है। हिमालय से ही उत्तर भारत और आसाम की महत्वपूर्ण नदियाँ, गंगा, यमुना, सतलुज, सिंधु और ब्रह्मपुत्र आदि निकलती हैं। तिब्बत और अफगानिस्तान जाने के लिए कई प्रसिद्ध दर्रे भी यहीं हैं जो प्राचीन काल में व्यापार और संस्कृति के आदान-प्रदान के महत्वपूर्ण द्वार कहे जा सकते हैं।

कश्मीर और कुल्लु की घाटियों में फलों की अच्छी खेती होती है। आसाम और दार्जलिंग में ही भारत की 80 प्रतिशत और विश्व की 50 प्रतिशत चाय की

पैदावार होती है। कश्मीर, लद्दाख, हिमाचल के कई स्थान, कुल्लु-मनाली, धर्मशाला, शिमला आदि उत्तरांचल के नैनीताल, मसूरी, पश्चिम बंगाल के दार्जलिंग, सिक्किम के गंगटोक, मेघालय के शिलांग आदि बहुत सुंदर और ठंडे स्थल हैं जहाँ दुनिया भर के लाखों पर्यटक हर वर्ष घूमने के लिए आते हैं। इसके अलावा हिमाचल क्षेत्र कई तरह की बहुमूल्य लकड़ियों, जड़ी बूटियों और जानवरों के लिए भी प्रसिद्ध है।

भारत का मध्य अर्थात मैदानी भाग बहुत ही उपजाऊ तथा समृद्ध है। पूरब में बंगाल, आसाम, बिहार और उत्तर में पंजाब, हरियाणा, उत्तर प्रदेश, मध्य प्रदेश पश्चिम में राजस्थान, गुजरात, भारत का यह भाग लाखों वर्ग मील में फैला हुआ है। सामाजिक एवं सांस्कृतिक दृष्टि से यह भाग भारत के इतिहास में अपना विशेष स्थान रखता है। गेहूँ, चावल, जौ, ईख, दालें और तिलहन यहाँ की खास फसलें हैं।

दक्षिण का पठारी क्षेत्र विंध्याचल की पहाड़ियों के दक्षिण में है। यह प्रदेश समुद्र की सतह से एक से तीन हजार फीट तक ऊँचा है। नर्मदा, ताप्ती, गोदावरी, कृष्णा और कावेरी इसकी बड़ी-बड़ी नदियाँ हैं। चाय, कहवा, तम्बाकू, नारियल, केला, मसाले, ईख, काजू आदि यहाँ की मुख्य फसलें हैं। आमतौर पर भारत में चार ऋतुएं हैं गर्मी, बरसात, सर्दी और वसंत। वैसे अलग-अलग प्रदेश में अलग-अलग मौसम भी होता है। दक्षिण के क्षेत्र में सर्दी बहुत कम होती है। लेकिन उत्तर भारत में सर्दियों में बहुत सर्दी और गर्मियों में बहुत गरमी पड़ती है। सर्दियों में पहाड़ी इलाकों में तापमान शून्य से नीचे आ जाता है तो गर्मियों में उत्तरी मैदानी भागों में दिन में बाहर निकलना कठिन होता है।

भारत की जनसंख्या लगभग 100 करोड़ से भी ज्यादा है यहाँ चार प्रमुख भाषा परिवारों --- भारत योरोपीय, द्रविड़, आस्ट्रो-एशिया और तिब्बती चीनी परिवार की भाषाएँ मुख्य रूप से बोली जाती हैं। भारत में अनेक प्रदेश और संघशासित प्रदेश हैं। हिंदी भारत की राज भाषा है। हिंदी भाषा समझने और बोलने वालों की संख्या --- भारत की कुल जनसंख्या का कम से कम 60 प्रतिशत है।

भारत ने पिछले कुछ वर्षों में बहुत तेजी से विकास किया है केवल औद्योगिक क्षेत्र में ही नहीं शिक्षा के क्षेत्र में भी बहुत महत्वपूर्ण प्रगति की है।

भारत में ऐतिहासिक दृष्टि से भी बहुत महत्वपूर्ण इमारतें एवं संस्थान हैं जिन्हें देखने के लिए लाखों पर्यटक हर वर्ष भारत आते हैं। साँची, कोणार्क, खजुराहो, महाबली पुरम, मदुरै तथा मथुरा-वृंदावन के मंदिरों को देखकर इन्हें आश्चर्य होता है तो अजंता की चित्रकारी और ताजमहल की खूबसूरती को देखकर इनको अपनी आँखों पर विश्वास ही नहीं होता। एक ओर फूलों, झीलों और झरनों की घाटी कश्मीर है तो दूसरी ओर गोवा के अनुपम समुद्र तट, जहाँ पर्यटकों का तांता लगा रहता है। भारत में सभी महत्वपूर्ण खनिज पदार्थ भी बहुतायत में पाये जाते हैं। भारत वास्तव में दुनिया का संगम स्थल है।

Answer the following questions
(प्रश्नों के उत्तर दें)

1. इस देश का नाम भारत कब और क्यों पड़ा?
2. भारत के और दो नाम कौन-कौन से हैं?
3. भारत कहाँ स्थित है?
4. उत्तर से दक्षिण तक भारत की लम्बाई कितनी है?
5. दुनिया के सबसे ऊँचे पर्वत का नाम क्या है और वह कहाँ स्थित है?
6. भारत को भौगोलिक दृष्टि से कितने भागों में बाँटा जाता है?
7. हिमालय पर्वत से कौन-कौन सी नदियाँ निकलती हैं?
8. भारत में चाय कहाँ पैदा होती है?
9. भारत के महत्वपूर्ण पर्यटन स्थल कौन-कौन से है?
10. भारत की मुख्य फसलें कौन-कौन सी है?
11. भारत की कुल जनसंख्या कितनी है?
12. सर्दियों में भारत के पहाड़ी इलाकों में तापमान कितना रहता है?
13. गोवा में पर्यटकों का तांता क्यों लगा रहता है?

Practice Corner (अभ्यास कक्ष)

1. Inverted Sentence

उदाहरण :

दुष्यंत रवि	का	पुत्र भाई पिता बेटा चाचा मामा भतीजा भांजा दादा	था	भरत गणेश मोहन सोहन कातो वसु हरि दीपक नविन

2. (X) Proved to be (A) ((X) (A) सिद्ध हुआ)

उदाहरण :

भरत (X)	न्याय प्रिय (A) योग्य वीर बुद्धिमान बलवान	राजा अधिकारी आदमी	सिद्ध	हुआ

3. (A) is located/situated in (P) ((A) (P) में स्थित है।)

उदाहरण :

भारत (A) चीन पाकिस्तान बंगला देश हमारा देश	एशिया महाद्वीप (P)	में	स्थित	है

4. from (A) till (B) ((A) से लेकर (B) तक)

उदाहरण :

उत्तर में कश्मीर (A) से लेकर दक्षिण में कन्याकुमारी (B) तक इसकी लम्बाई दो हजार मील और पश्चिम में गुजरात (A) से पूरब में पूर्वी सीमा (B) तक इसकी चौड़ाई 1700 मील है।

5. On one side ..., while on the other.... (एक ओर .... दूसरी ओर ....)

उदाहरण :

वह एक ओर तो उत्तर से आने वाली बर्फीली हवाओं को रोकता है तो दूसरी ओर दक्षिण पश्चिम की मानसूनी हवाओं को रोक कर पूरे देश में अच्छी बारिश करवाता है।

6. From the viewpoint of (A) ((A) की दृष्टि से ....)
(P1) is divided into (P2) ((P1) को (P2) में बाँटा जाता है।)

उदाहरण :

भौगोलिक बनावट (A) की दृष्टि से भारत (P1) को तीन भागों (P2) में बाँटा जाता है।

राजनैतिक दृष्टि से भारत बहुत शक्तिशाली देश है।

7. Relative Pronoun: to which (जिन्हें)

Noun(A) (plural noun group) हैं + जिन्हें .....

उदाहरण :

भारत में ऐतिहासिक दृष्टि से भी बहुत महत्वपूर्ण इमारतें एवं स्थान (P) हैं

जिन्हें देखने के लिए लाखों पर्यटक हर वर्ष भारत आते हैं।

Part 2. मौसम

आज दिनांक 10.12.2008 बुधवार

अब मौसम की जानकारी में हम सबसे पहले बात करेंगे देश के चार महानगरों के तापमान की, तो सबसे पहले भारत की राजधानी दिल्ली में दिन का अधिकतम तापमान रहा 24 डिग्री सेल्सियस और रात का तापमान 19 डिग्री सेल्सियस, कलकत्ता दिन का तापमान 25 डिग्री सेल्सियस और रात का 22 डिग्री सेल्सियस, चेन्नई दिन का तापमान 29 डिग्री सेल्सियस और रात का 23 डिग्री सेल्सियस, मुंबई दिन का 27 डिग्री सेल्सियस और रात का 21 डिग्री सेल्सियस।

उत्तर भारत के पंजाब, हरियाणा, राजस्थान, पश्चिमी उत्तर प्रदेश और मध्य प्रदेश में मौसम साफ रहेगा। उत्तरांचल, पूर्वी उत्तर प्रदेश, बिहार के कुछ भागों में हल्के बादल छाये रहेंगे, हिमाचल प्रदेश में और कश्मीर के कुछ भागों में हल्की बर्फ-बारी के आसार हैं। दक्षिण भारत के केरल, तमिलनाडू के कुछ भागों में बूँदाबाँदी हो सकती है। पूर्वोत्तर के राज्यों में विशेषकर मेघालय और उससे लगे क्षेत्रों में तापमान गिरने की संभावना बनी हुई है। पश्चिमी बंगाल में मौसम खुशगवार रहेगा। महाराष्ट्र और आंध्रप्रदेश में दक्षिणी हवाओं का दबाव बना हुआ है। फलस्वरूप हल्के बादल छाये रहेंगे और रिमझिम बारिश के साथ इन्द्रधनुष के दर्शन होने की संभावना बनी हुई है। गुजरात के कुछ क्षेत्रों तथा दक्षिण में कर्नाटक के कुछ भागों में बादलों की गड़गड़ाहट व बिजली कौंधने के साथ-साथ तेज बौछारें पड़ने की पूरी संभावना दिखाई दे रही है। मध्य भारत में ठिठुराने वाली ठंड का अभी और इन्तजार करना पड़ेगा। अगर मौसम विभाग की मानें तो 2008 में भारत के मैदानी भागों में हीटर निकलते दिखाई नहीं देते इसके बावजूद हिमालय की ऊँची पहाड़ियों पर बर्फबारी लगातार जारी है।

Word Corner (शब्द कक्ष)

Nature

हवा air
कोहरा fog
बिजली / विद्युत lightening
तारे stars
तट shore
नदी river
नरक hell
आग fire
छाया shade
आकाश गंगा milky way
आकाश / आसमान sky
समुद्र / सागर sea
झरना water-fall
बादल cloud
बर्फ ice
चांद moon
महासागर ocean
झील lake
स्वर्ग heaven

होली वसंत ऋतु में मनाई जाती है। इस समय तक किसानों की फसलें पक कर तैयार हो जाती हैं। किसान का मन खुशी से भरा होता है तथा मौसम भी बहुत सुहावना होता है। यह त्यौहार वास्तव में एक माह का होता था। लगभग 15 दिन पहले से होली के गीत गाये जाते थे और नगाड़े बजाए जाते थे तथा होली के त्यौहार के 15 दिन बाद तक यही कार्यक्रम चलता था। यह त्यौहार दो दिन मनाया जाता है। पहले दिन सुबह गाँव के बीच लकड़ियों और उपलों का एक ढेर लगा दिया जाता है और दोपहर को महिलाएं गीत गाते हुए होली की पूजा करती हैं। रात को होलिका दहन होता है सब घरों से नये अनाज की बालें इस आग में भूनते हैं और उन्हें अपने घरों में ले जाकर रखते हैं।, कहा जाता है इससे अन्न-धन और बढ़ता है। दूसरे दिन रंग खेलते हैं इसे धूलैंडी भी कहते हैं। इस दिन सब लोग एक दूसरे पर रंग डालते हैं। बच्चे भी पिचकारियाँ लेकर निकल पड़ते हैं और बहुत आनंद उठाते हैं। ये खुशी के मारे फूले नहीं समाते।

इस त्यौहार के संबंध में भी एक कहानी है। हजारों वर्ष पूर्व हिरण्यकश्यप नामक एक राजा था वह अपने आप को भगवान कहता था। उसने अपनी प्रजा को भी आदेश दिया कि सब लोग उसकी पूजा किया करें। लेकिन उसका एक बेटा था प्रह्लाद, वह ईश्वर का भक्त था। वह अपने पिता को भगवान नहीं मानता था। पिता को यह बात पसंद नहीं थी। पिता उसे मार देना चाहता था। उसे मारने के लिए राजा के द्वारा कई उपाय किये गये लेकिन वह मारा न जा सका। राजा की एक बहन थी होलिका उसके पास एक ऐसा वस्त्र था जिसे ओढ़कर आग में बैठने से भी नहीं जल सकते थे। राजा ने अपनी बहन से कहा कि वह प्रह्लाद को गोद में लेकर आग में बैठ जाए। होलिका अपने भाई के भय के मारे प्रह्लाद को गोद में लेकर आग में बैठ गई लेकिन आश्चर्य की बात होलिका जल गयी और प्रह्लाद बच गया। उसी दिन से होलिका दहन की परम्परा चली आ रही है इसका अर्थ है कि वर्ष भर मन में आ गयी बुराइयों, ईर्ष्या, द्वेष आदि को जलाकर खुशी-खुशी नव वर्ष में प्रवेश करें। यह त्यौहार असत्य पर सत्य की विजय का भी प्रतीक है। इस दिन लोग अपने सभी लड़ाई-झगड़े भूल कर प्रेम से एक-दूसरे से मिलते हैं और गुलाल लगाते हैं।

Answer the following questions
(प्रश्नों के उत्तर दें)

1. भारतीय संस्कृति को कैसे समझा जा सकता है?
2. दिवाली का त्यौहार कब मनाया जाता है?
3. होली का त्यौहार कब मनाया जाता है?
4. दीपावली के त्यौहार में क्या करते हैं?
5. होली के त्यौहार पर क्या-क्या करते हैं?
6. सरसों के तेल के दीपक जलाने से क्या होता है?
7. दीपावली के त्यौहार के बारे में क्या कहानी है? लोग क्या मानते हैं?
8. होली के त्यौहार के संबंध में क्या कहानी है?
9. होली के दूसरे दिन को क्या कहते हैं? उस दिन क्या होता है?
10. होलिका दहन का प्रतीकात्मक अर्थ क्या है?

Practice Corner (अभ्यास कक्ष)

1. By (B), one can understand (A)
   ((B) से (A) को समझा + जा + सकना + होना)

उदाहरण :

भारतीय त्यौहारों से भारतीय समाज और संस्कृति को समझा जा सकता है।
(B) (A)

2. (A) is celebrated in the month of (T) ((A) (T) में मनाया जाता है।)

उदाहरण 1:

होली का त्यौहार फाल्गुन माह में मनाया जाता है।
(A) (T)

उदाहरण 2:

होली दशहरा दीपावली गणतंत्र दिवस	का	त्यौहार	फाल्गुन अक्तूबर नवम्बर जनवरी	माह में	मनाया जाता है

3. in relation to (A) ((A) के संबंध में)

उदाहरण :

- दीपावली के संबंध में यह माना जाता है कि इस दिन अयोध्या के राजा भगवान
  (A)
  राम लंका के राजा रावण को मार कर अयोध्या लौटे थे।

4. It is kept in mind / bear in mind that (A)
   (यह ध्यान रखा जाता है कि (A)) (यह ध्यान = (A))

उदाहरण :

यह ध्यान रखा जाता है कि कोई स्थान छूटे नहीं जहाँ प्रकाश न पहुँचे।
(A)

5. (X) called himsalf/herself (Y) ((X) अपने आप को (Y) कहता था।)

उदाहरण :

हिरण्यकश्यप नामक एक राजा था वह अपने आप को भगवान कहता था।
(X) (Y)

6. not be able to contain oneself for joy (फूले न समाना)

उदाहरण :

वे खुशी के मारे फूले नहीं समाते।

7. each other (एक दूसरे पर)

उदाहरण :

इस दिन सब लोग एक दूसरे पर रंग डालते हैं।

8. (X) ordered (Y) to do (A)
((X) ने (Y) को आदेश दिया कि ....(A)(Subjunctive sentence))

उदाहरण :

उसने अपनी प्रजा को भी आदेश दिया कि सब लोग उसकी पूजा किया करें।
(X) (Y) (A)

पाठ-32

चुहिया फिर चुहिया

बहुत समय पहले की बात है गंगा नदी के तट पर एक बहुत सुंदर आश्रम था। उस आश्रम में अनेक ऋषि-मुनि अपने महान विद्वान और सिद्ध पुरूष गुरूजी से ज्ञान प्राप्त करने के लिए आते थे। गुरू जी अपनी शक्ति से आश्चर्यजनक चमत्कार कर सकते थे।

एक दिन गुरू जी ब्रह्मर्हूत सूर्योदय के समय में स्नान कर नदी तट पर बैठे प्रार्थना कर रहे थे। तभी एक चुहिया फुदकती हुई उनकी गोद में आकर बैठ गयी। जब तक गुरू जी ने प्रार्थना की चुहिया बड़े ही शांत भाव से गोद में बैठी रही। चुहिया का यह व्यवहार गुरू जी को बहुत भाया। प्रार्थना के बाद उन्होंने चुहिया को अपने हाथों में उठाया। वह लम्बी लहरदार पूँछ, छोटे-छोटे कान व चमकीली आँखों वाली भूरे रंग की बड़ी सुंदर छोटी सी चुहिया थी। तपस्वी (गुरूजी)

की कोई बेटी नहीं थी अतः तपस्वी ने अपने सिद्ध जल से चुहिया को एक सुंदर कन्या बना दिया। वे उस कन्या को आश्रम में ले गये और अपनी पत्नी से कहा "तुम्हें हमेशा एक बच्चे की इच्छा रही है लो यह हमारी बेटी है। इसे लाड़-प्यार से पालो-पोसो"। सुंदर कन्या को पाकर तपस्वी की पत्नी बहुत प्रसन्न हुई। वह उसे बड़े चाव से पालने लगी।

बेटी जैसे-जैसे बड़ी होती जाती थी वैसे-वैसे और अधिक सुंदर और बुद्धिमान होती जा रही थी। एक दिन तपस्वी की पत्नी ने पति से कहा, "अब बेटी जवान हो गयी है अब हमें इसकी शादी कर देनी चाहिए"।

तपस्वी ने कहा, "हमारी बेटी अति सुंदर और ज्ञानवान है। उसका वर संसार का सबसे बड़ा आदमी होना चाहिए। मैं सोचता हूँ सूर्य इसके लिए सबसे उचित वर रहेगा"।

उनकी पत्नी को भी उनकी बात सही लगी। तपस्वी ने अपनी मंत्र शक्ति से सूर्य को बुलाया। सूर्य तत्काल धरती पर उतर आया। सूर्य ने पूछा, "हे तपस्वी, आपने कैसे याद किया"। तपस्वी ने कहा, " मैं आपसे अपनी बेटी का विवाह करना चाहता हूँ। मेरी बेटी गुणवान और अति सुंदर है और आपके योग्य है। आप उसे स्वीकार करें"।

तपस्वी की बेटी उस समय पिता के पास ही खड़ी थी।

सूर्य कुछ उत्तर देते उससे पहले ही वह नाक-भौं सिकोड़ कर बोली, "मैं इनसे विवाह नहीं करूँगी। पिताजी, इनके शरीर में कितनी गरमी है। मैं तो दूर से ही भस्म हो जाऊँगी। मुझे इनसे भी अच्छा वर चाहिए"।

यह सुनकर तपस्वी मन ही मन दुखी हो गये। फिर उन्होंने सूर्य से ही पूछा, "क्या आप बता सकते हैं कि इस संसार में आपसे भी बढ़कर कोई और है?"।

सूर्य ने कहा, "हाँ, है। मुझ से भी बढ़कर बादल है। जब वह मेरे सामने आ जाता है मेरी चमक बंद हो जाती है।"

इसके बाद तपस्वी ने बादल को बुलाया। तपस्वी का निवेदन सुनते ही बादल झटपट पृथ्वी पर उतर आया।

"हे तपस्वी, आपने मुझे बुलाया?"। बादल ने आते ही बड़े विनम्र होकर पूछा।

इससे पहले कि तपस्वी कुछ बोलते, लड़की बीच में ही बोल पड़ी। "नहीं-नहीं, मैं इस काले, डरावने घड़घड़ाते कर्कश आवाज वाले बादल से शादी नहीं करूँगी। मुझे इससे भी बढ़कर पति चाहिए"।

तपस्वी ने बादल से पूछा, "क्या संसार में आपसे भी बढ़कर कोई है?"।

बादल ने कहा, "हाँ, है। मुझसे भी ताकतवर पवन है। वह जहाँ चाहे जब चाहे जा सकता है। उसकी ताकत के सामने मैं तो क्या कोई भी नहीं टिक पाता है।"

इसके बाद तपस्वी ने पवन को बुलाया। बुलाते ही पवन पल भर में तपस्वी के पास उपस्थित हो गया।

उसने पूछा, "हे तपस्वी, मेरे लिए क्या आज्ञा है?"

तपस्वी ने कहा, "मैं अपनी बेटी का विवाह आपके साथ करना चाहता हूँ। क्या आपको स्वीकार है?

लेकिन लड़की नाराज होकर चिल्लायी, "नहीं, नहीं! मैं इस चंचल और पल-पल में रूप बदलने वाले बहुरूपिये से शादी नहीं करूँगी। यह तो पल भर भी मेरे साथ शांत नहीं बैठेगा।"

इस पर तपस्वी ने पवन से पूछा, "हे पवन देव, क्या संसार में आपसे भी बढ़कर कोई है?"

पवन ने उत्तर दिया, "हाँ, है। मुझ से शाक्तिशाली पर्वत है। वह इतना ऊँचा और शाक्तिशाली है कि मैं न तो उसे हिला सकता हूँ न उसे पार कर सकता हूँ, हार कर मुझे ही मार्ग बदलना पड़ता है।"

इनके बाद तपस्वी ने पर्वत को बुलाया। पर्वत राज उसी समय हाजिर हो गये। उन्होंने पूछा, "हे तपस्वी, आपने मुझे क्यों बुलाया है?"

लेकिन पर्वत को देखते ही लड़की पैर पटक-पटक कर रोने लगी, "नहीं पिता नहीं, मैं इनसे विवाह न कर सकूँगी। मुझे इसके साथ मत बाँधिये। यह कितना रूखा-सूखा, बेढंगा और असुंदर है। मुझे इससे भी ज्यादा अच्छा पति चाहिए।"

तपस्वी ने पर्वत से पूछा, "क्या इस संसार में आपसे भी बढ़कर कोई है?"

"हाँ, क्यों नहीं। मुझ से ताकतवर चूहा है। यह ठीक है कि मैं बहुत मजबूत, बड़ा और सख्त हूँ, लेकिन चूहा छोटा होने पर भी मुझे खोद कर बिल बना लेता है।"

तब तपस्वी ने चूहे को आवाज लगाई। चूहा फौरन फुदकता हुआ भागा आया। लड़की चूहे को देखते ही फूली न समायी। उसने कहा, "पिता जी, जिसे मैं चाहती हूँ यही हैं वे, मेरे सपनों के राजा। इन्हीं से, इन्हीं से मेरी शादी करवा दीजिए। इन्हीं के साथ मैं सुखी रह सकूँगी।"

तपस्वी समझ गये उन्होंने अपने मंत्र बल से उसे फिर चुहिया बना दिया। वे दोनों तपस्वी का धन्यवाद कर फुदकते हुए चले गये।

Answer the following questions

(प्रश्नों के उत्तर दें)

1. एक दिन गुरू जी के साथ क्या घटना घटी?
2. गुरू जी ने चुहिया को क्यों और कैसे लड़की बना दिया?
3. तपस्वी अपनी बेटी की शादी कैसे वर से करना चाहते थे? क्या उन्हें उसके लिए उचित वर मिला?
4. वह लड़की सूर्य से शादी क्यों नहीं करना चाहती थी?
5. पवन से बलवान कौन है और कैसे?
6. पर्वत से बलवान कौन है और कैसे?
7. लड़की को कौन पसंद आया?
8. तपस्वी ने लड़की को चुहिया क्यों बना दिया?

Practice Corner (अभ्यास कक्ष)

1. (X) has always had the desire of (A)
   ((X) को (A) की इच्छा + रहना + होना)

उदाहरण :

तुम्हें हमेशा एक बच्चे की इच्छा रही है लो यह हमारी बेटी है।
(X) (A)

2. (X) must be necessarily (A) ((X) (A) + होना + चाहिए)

उदाहरण :

उसका वर संसार का सबसे बड़ा आदमी होना चाहिए।
(X) (A)

3. Before (Y) could do verb(B), (X) did verb(A)
   ((Y) Verb(B)(Present participle), उससे पहले (X) Verb(A))

उदाहरण :

- सूर्य कुछ उत्तर देते उससे पहले ही वह नाक-भौं सिकोड़ कर बोली।
  (Y) (B) (X) (A)
- इससे पहले कि तपस्वी कुछ बोलते, लड़की बीच में ही बोल पड़ी।

4. If he wants to go he can go wherever/whenever he wants to go
   (वह जहाँ चाहे जब चाहे जा सकता है)

उदाहरण :

वह जहाँ चाहे जब चाहे जा सकता है।

Grammatical Explanation (व्याकरण व्याख्या)

1. Even though (X) is (C), (X) can still do ....
   ((X) (C) होने पर भी ...)

उदाहरण :

- चूहा छोटा है।
- लेकिन चूहा इस पर भी मुझे खोद कर बिल बना लेता है।

  ↓

  लेकिन चूहा छोटा होने पर भी मुझे खोद कर बिल बना लेता है।

2. The more (A) ..., the more (B)

जैसे-जैसे (A) होता जाता था
वैसे-वैसे (और अधिक) (B) होता जा रहा था

उदाहरण :

बेटी जैसे-जैसे बड़ी होती जाती थी
वैसे-वैसे और अधिक सुंदर और बुद्धिमान होती जा रही थी।

Plus one for Daily Life

1. India's main festivals (भारत के प्रसिद्ध त्यौहार)

उदाहरण :

दीपावाली दशहरा होली ईद लौहड़ी दुर्गा पूजा गणतंत्र दिवस क्रिसमस	भारत का प्रसिद्ध त्यौहार है

2. Some useful sentences used as greetings on various occassions (शुभकामनाएँ)

उदाहरण :

- जन्म दिन मुबारक।
- जन्म दिन की शुभकामनाएँ।
- नया साल मुबारक।
- ईद मुबारक।
- दीपावाली की हार्दिक शुभकामनाएँ।
- जन्म दिन पर हार्दिक बधाई।
- वर-वधु को आशीर्वाद।
- आपका वैवाहिक जीवन सुखमय व लम्बा हो।
- युग-युग जीओ। (आप जियें हजारों साल।)
- ईश्वर करे यह दिन बार-बार आये।

पाठ-33

संस्थान कार्यालय

कातो : नमस्ते, क्या मैं विभागाध्यक्ष से मिल सकता हूँ?

इन्दू : हाँ, थोड़ी देर बैठिए। वे सामने वाले कमरे में बैठते हैं। बस आने ही वाले हैं।

कातो : संस्थान हर रोज कितने बजे शुरू होता (खुलता) है?

इन्दू : संस्थान तो साढ़े दस बजे खुलता है लेकिन वे थोड़ा जल्दी आते हैं।

(कातो बैठने ही वाला था कि विभागाध्यक्ष आ गए।)

इन्दू : लो वे आ गए। मैंने कहा था न उनके आने का समय होने ही वाला है।

कातो : धन्यवाद, क्या मैं अंदर जा सकता हूँ?

इन्दू : हाँ, दरवाजा बजाकर जाइए।

कातो : (टक-टक) मैं अंदर आ सकता हूँ?

विभागाध्यक्ष : हाँ, आइए। बैठिए। कहिए, क्या काम है?

कातो : नमस्ते, सर। मेरे दोस्त का फॉर्म (आवेदन-पत्र) काफी दिन से यहाँ आया हुआ है लेकिन अभी तक उत्तर नहीं गया। मेरे पास उनके कई बार फोन आ चुके हैं। मैं भी कार्यालय में कई बार पूँछ चुका हूँ लेकिन वह सामने बैठा हुआ आदमी हमेशा कल आओ, कल आओ कहता है। मैं तो थक चुका हूँ।

विभागाध्यक्ष : मैं अभी पता लगाता हूँ। अभी तक क्यों नहीं भेजा गया है?

(घंटी बजाते हैं) (ट्रन-ट्रन)

भोले (चपरासी) : जी सर।

विभागाध्यक्ष	:	चन्द्र को बुलाओ।
भोले	:	ठीक है साहब।

(थोड़ी देर बाद)

चन्द्र	:	आपने बुलाया सर?
विभागाध्यक्ष	:	हाँ, बैठिए। जापान से प्रवेश के लिए एक आवेदन पत्र एक महीने से आया हुआ है। आपने अभी तक उसका स्वीकृति पत्र क्यों नहीं भेजा? मुझे आप लोगों से बार-बार कहना पड़ता है। यह तो अच्छी बात नहीं है।
चन्द्र	:	सर, मेरा कम्प्यूटर एक महीने से खराब पड़ा हुआ है। मैं क्या करता? मैंने कार्यालय अधीक्षक को बताया था लेकिन वे सुनती ही नहीं तो क्या किया जाए?
विभागाध्यक्ष	:	तो कम्प्यूटर के कारण पत्र नहीं भेजा जाएगा? क्या पहले कम्प्यूटर के बिना काम नहीं होता था? आपके पास उसका प्रारूप है, उसमें हाथ से नाम भर कर भेज दीजिए।
कातो	:	सर, मेरी पुस्तकालय सिक्योरिटी भी अभी तक नहीं मिली है।
चन्द्र	:	मैं तो इनका फॉर्म कब का लेखा में भेज चुका हूँ।
कातो	:	लेकिन मैंने दो दिन पहले ही पूछा था वहाँ नहीं पहुँचा था।
चन्द्र	:	आज पूछिए, वह भूल गयी होंगी। आपका कोई कागज नीचे गिरा हुआ है।
कातो	:	धन्यवाद, क्या कैशियर आ गयी होंगी?
चन्द्र	:	हाँ, वह बहुत देर पहले आ चुकी हैं।
विभागाध्यक्ष	:	शेख जी क्या कर रहे हैं?
चन्द्र	:	वे बैठे हुए हैं।
विभागाध्यक्ष	:	तो उनके कम्प्यूटर पर आप काम क्यों नहीं कर लेते?
चन्द्र	:	सर, आगे से आप चाहे बुरा माने या भला जब तक मेरा

Practice Corner (अभ्यास कक्ष)

1. Without (Y), (X) will not be done(Verb(A))
   ((Y) के बिना (X) नहीं + Verb(A)(past tense form)
   + जाना (future tense form)) (Using passive form)

उदाहरण 1 :

कम्प्यूटर के बिना पत्र नहीं भेजा जाएगा।
(Y) (X) (A)

उदाहरण 2 :

लिफाफे गाड़ी	के	बिना	पत्र सामान	नहीं	भेजा	जाएगा
			दवाई		भेजी	जाएगी
पैसे			मिठाइयाँ		खरीदी	जाएंगी

2. Guessing that something must have already completed
   (Verb(Past Form) + future tense form of "होना")

उदाहरण :

मोहन	आ	गया	होगा
लड़की	सो	गयी	होगी
पिता जी		गये	होंगे
लड़कियाँ		गयी	होंगी

3. However (A), neverthless (B) (हालंकि (A), फिर भी (B))

उदाहरण :

- हालंकि मैंने टैक्नीशियन को बुलाया है
  (A)

  फिर भी यदि तुम चाहो तो तब तक मेरे कम्प्यूटर पर काम कर सकते हो।
  (B)

4. (A) should/ must be sent. ((A) **चला जाना चाहिए**) (focusing on (A))

उदाहरण :

आज जापान के छात्र का स्वीकृति पत्र चला जाना चाहिए।
(A)

उदाहरण :

स्वीकृति पत्र	चला	जाना	चाहिए
सामान	आ		
नियुक्ति पत्र	भेज	देना	
वीजा	ले	आना	
विज्ञापन	दे	देना	

5. What can be done?
Used when one has no other choice. One tried one's best, and nothing else could be done.
((मुझ से) क्या किया जाए?)

उदाहरण :

- मैंने कार्यालय अधीक्षक को बताया था लेकिन वे सुनती ही नहीं तो क्या किया जाए?

6. Comparison: more than (A) ((A) से ज्यादा)
at the very least (A) (कम से कम (A))
not more then (A) (अधिक से अधिक (A))

उदाहरण :

- भारत की जनसंख्या लगभग 100 करोड से भी ज्यादा है।
- हिंदी भाषा समझने और बोलने वालों की संख्या भारत की कुल जनसंख्या का कम से कम 60 प्रतिशत है।
- अधिक से अधिक एक सप्ताह में पत्र पहुँच जाएगा।

Grammatical Explanation (व्याकरण व्याख्या)

1. Explaining that something happened long back, but a corresponding expected action has not taken place yet.

   ((X) (T) से + Verb(A)(Past form) + हुआ + होना)

उदाहरण :

- मेरे दोस्त का फार्म (X) काफी दिन (T) से यहाँ आया (A) हुआ है लेकिन

  अभी तक उत्तर नहीं गया।

- मेरा कम्प्यूटर (X) एक महीने (T) से खराब पडा (A) हुआ है।

उदाहरण :

सामान	काफी दिन	से	आया	हुआ	है
दोस्त	काफी देर				
मेरा भाई	एक महीने				
बिजली वाला	एक घंटे				

2. Describing a thing that has been already done a while ago (but do not know when it is completed.)

   (कब का Verb(A)(मूलधातु) + चुका + होना)

उदाहरण 1 :

मैं कब का आ (A) चुका हूँ।

उदाहरण 2 :

मैं	कब	का	आ	चुका	हूँ
मोहन			जा		है
गीता		की	सो	चुकी	है
वे		के	जाग	चुके	हैं
लड़कियाँ		की	उठ	चुकी	

Look at the Difference (अंतर देखें)

1. “बैठा हुआ आदमी” और “बैठा आदमी”

उदाहरण :

- मैं भी कार्यालय में कई बार पूछ चुका हूँ लेकिन वह सामने बैठा हुआ आदमी हमेशा कल आओ-कल आओ कहता है।
- मैं भी कार्यालय में कई बार पूछ चुका हूँ लेकिन वह सामने बैठा आदमी हमेशा कल आओ-कल आओ कहता है।

पाठ-34

चार दोस्त

एक घने जंगल में चार दोस्त रहते थे। जंगल बहुत सुंदर था। वहाँ एक छोटी नदी भी थी। चार दोस्तों में एक छोटा सा चूहा, लम्बी पूँछ, काली चमकीली आँखें। दूसरा काला-कलूटा कौवा, तीसरा एक कछुआ और चौथा बड़ी-बड़ी सुंदर आँखों वाला हिरन जिसके सुनहरे शरीर पर सफेद चित्तियाँ थी।

चारों दोस्त जंगल में फल-फूल, बेल, घास-पात खाते और मिल जुल कर बड़े ही प्रेम से बिना किसी परेशानी के सुख से दिन बिता रहे थे।

एक दिन न जाने कहाँ से एक शिकारी उधर निकल आया। उसने वहाँ एक सुंदर हिरन को देखा तो उसके मुँह में पानी भर आया। उसने नदी के किनारे पगडंडी में अपना जाल बिछा दिया। हिरन पेट भर घास चरने के बाद जब दोस्तों के पास लौट रहा था उस जाल में फंस गया।

उधर उसके मित्र आपस में बैठे हुए गप लगा रहे थे। कौवे ने कहा आज हिरन भाई नहीं आया। कछुआ बोला कोई प्रेमिका मिल गयी होगी उससे बातें करने में मस्त हो गया होगा। कछुआ का यह कहना था कि तीनों दोस्त जोर से हंस पड़े। तभी चूहे ने चिंतित होकर कहा, "लगता है हमारा मित्र किसी मुसीबत में फंस गया है। हो सकता है वह किसी शिकारी के जाल में फंस गया हो। नहीं तो भला अभी तक वह आ न जाता। कहीं ऐसा न हो कि शिकारी उसे मार ही न डाले"। कछुए ने कहा, "हमें तुरन्त अपने दोस्त की खोज करनी चाहिए। कौवे भाई, तुम उड़कर दूर-दूर तक देख सकते हो। तुम जाओ और देखो, हो सकता है वह कहीं दिख जाए।"

कौवे ने कहा, "हाँ, हाँ। क्यों नहीं, मैं अभी जाता हूँ। यह कह कर कौवा तुरन्त हिरन की खोज में उड़ चला। उसने उड़ते हुए इधर-उधर, दायें-बायें, आगे-पीछे चारों ओर देखा पर हिरन दिखाई नहीं दिया। वह नदी के किनारे-किनारे उड़ रहा था और हिरन को पुकार रहा था, "हिरन भाई-हिरन भाई! तुम कहाँ हो? तुम कहाँ हो?"

हिरन को अपने मित्र की आवाज सुनाई दी। उसने उत्तर में पुकारा "कौवा भाई, मैं यहाँ हूँ, नदी किनारे पगडंडी में। भाई बचाओ, मुझे बचाओ"। कौवा हिरन की आवाज सुनकर उधर ही गया जिधर से हिरन की आवाज आ रही थी। कौवे ने कहा, "अरे ये क्या तुम यहाँ कैसे फंस गये, मैं न जाने कब से तुम्हें इधर-उधर खोज रहा हूँ।" अब क्या होगा? अच्छा, ठहरो, तुम्हारी मदद के लिए मैं अभी दोस्तों को बुलाता हूँ। कौवे को देखकर हिरन की आँखों में आंसू भर आये। उसने कौवे को कहा, "भाई, जो कुछ करना है जल्दी करो।"

कौवा तेजी से उड़ता हुआ दोस्तों के पास लौट आया। उसे देखते ही चूहे और कछुए ने एक साथ पूछा, "क्यों भाई, क्या हुआ? आप इतने घबराये हुए क्यों हैं? हिरन भाई मिला?"

"हाँ, दोस्त, हिरन भाई मिल तो गया, लेकिन वह इस समय बहुत मुसीबत में है।"

कौवे ने उन्हें पूरी कहानी सुना दी।

कछुए को एक तरकीब सूझी, उसने कहा, "मुसीबत में घबराना नहीं चाहिए। चिंता की कोई बात नहीं है। हमारा मित्र चूहा जाल काटकर हिरन को आजाद कर सकता है। हमें तुरन्त वहाँ चलना चाहिए।"

"हाँ, हाँ, क्यों नहीं? लेकिन मैं उसके पास जल्दी कैसे पहुँचूँगा?" कौवे ने कहा, "तुम चिंता न करो, तुम मेरी पीठ पर बैठ जाओ मैं अभी तुम्हें वहाँ पहुँचा देता हूँ।" चूहा कौवे की पीठ पर बैठ गया। कौवा चूहे को ले कर उड़ा और हिरन के पास जा पहुँचा। वहाँ पहुँचते ही चूहा कौवे की पीठ से उतरा और अपने नुकीले दाँतों से जाल काटने लगा उसने कुछ ही देर में हिरन को आजाद कर दिया। हिरन तत्काल उठ खड़ा हुआ। कछुआ भी चलते-चलते तब तक वहाँ आ पहुँचा था। चारों मित्र मिलकर हिरन के बचने का शुक्र मना रहे थे कि तभी किसी के आने की

आहट सुनाई पड़ी। उन्होंने देखा कि सामने से शिकारी चला आ रहा है। शिकारी को देखते ही कौवा उड़कर पेड़ पर जा बैठा। चूहा भी बिल में जा छुपा और हिरन कुलाँचे भरता हुआ क्षण भर में ही आँखों से ओझल हो गया। कछुआ बेचारा क्या करता? वह जैसे-तैसे सरकता हुआ एक झाड़ी की ओट में छुपने की कोशिश करने लगा। शिकारी खाली हुआ जाल देखकर हैरान रह गया। उसने जैसे ही जाल उठाया तो उसके टुकड़े-टुकड़े इधर-उधर बिखर गये। शिकारी यह देखकर आश्चर्य से हाथ मलने लगा। उसने गुस्से से इधर-उधर देखा। तभी उसकी नजर झाड़ी में पड़े कछुए पर पड़ी। उसने मन ही मन कहा, "और कुछ नहीं तो आज कछुआ ही सही। चलो, आज इसी से काम चलाएँगे।"

उसने लपककर कछुए को पकड़ा और थैले में डालकर घर की ओर चल पड़ा। कौवा यह सब देख रहा था। उसने अपने दोस्तों को पुकार कर कहा, "अरे चूहे भाई, हिरन भाई! जल्दी आओ, जल्दी आओ! कछुआ भाई मुसीबत में फंस गया है"।

कौवे ने कहा, "अब क्या करें? कछुए को कैसे बचाया जाये?"

चूहे ने कहा, "जो भी करना है, जल्दी ही करना पड़ेगा।" हिरन ने कहा, "ऐसा करना चाहिए, मैं शिकारी के रास्ते में जाकर घास चरना शुरू करता हूँ। शिकारी मुझे देखकर, थैला रख कर मेरा पीछा करेगा। इसी बीच चूहा थैला काट देगा और कछुआ निकलकर भाग जायेगा।" उन्होंने कहा, "ठीक है, लेकिन तुम जरा सावधान रहना।" हिरन ने वैसा ही किया। शिकारी थैला जमीन पर पटक हिरन के पीछे भागने लगा। हिरन भला शिकारी के कहाँ हाथ आने वाला था। वह चौकड़ी भरता हुआ दूर भाग गया। जब तक शिकारी वापस लौट कर आया तब तक चूहे ने थैला काट दिया था और कछुआ जल्दी से निकल कर नदी में चला गया। शिकारी ने सोचा आज का दिन अच्छा नहीं है पर छोड़ो आज के लिए यह मोटा ताजा कछुआ ही बहुत है। यह सोचते हुए जैसे ही शिकारी ने थैला उठाया उसके आश्चर्य का ठिकाना न रहा। वह ठगा सा खाली फटे थैले को देखता-का-देखता रह गया। उसे अपनी आँखों पर विश्वास ही नहीं हो रहा था। उसने आह भरते हुए कहा, "लगता

है आज मेरी किस्मत ही खराब है। आज तो भूखे ही सोना पड़ेगा।" दुखी मन और भारी पैरों से शिकारी अपने घर की ओर चला गया। चारों दोस्त छुपे-छुपे यह सब देखते रहे।

Answer the following questions
(प्रश्नों के उत्तर दें)

1. जंगल में कौन-कौन रहते थे?
2. तीनों दोस्तों ने अपने दोस्त हिरन को कैसे बचाया?
3. तीनों दोस्तों ने कछुए को कैसे बचाया?

Practice Corner (अभ्यास कक्ष)

1. It can be possible that + (Subjunctive sentence)

   (हो सकता है + (Subjunctive sentence))

उदाहरण :

हो सकता है	वह	कहीं	दिख	जाए
	आप वे लोग			जाएं

2. (X) Having continually done (A), and has finally reached the destination point (Verb(A) (present participle form)

   (पु. बहु.) (○○ते-○○ते)

उदाहरण :

कछुआ (X) राम खरगोश	चलते-चलते (A) दौड़ते-दौड़ते खेलते-खलते	वहाँ यहाँ घर	आ गया
लड़की	पढ़ते-पढ़ते		सो गयी

3. Relative Pronoun " (P) where ..." (जिधर)

उदाहरण :

- कौवा हिरन की आवाज सुनकर उधर (P) गया जिधर से हिरन की आवाज आ रही थी।

पाठ-36

दुर्घटना

मोहन	:	नमस्ते, सोहन। आज मुँह लटकाये क्यों बैठे हो? क्या बात है इतने उदास क्यों हो?
सोहन	:	नमस्ते। क्या बताऊँ? आजकल मेरे इलाके में हर रोज कोई न कोई दुर्घटना हो रही है। मैं तो बहुत परेशान हो गया हूँ।
मोहन	:	क्या हुआ? कुछ बताएँ तो?
सोहन	:	दो दिन पहले हमारे ब्लॉक में ही नौकर ने मालिक को जहरीली चाय पिलाकर मार डाला। कल सामने वाले रोड पर एक बड़ी कार वाला एक स्कूल के बच्चे को चीथ कर (रौंद कर) भाग रहा था। सामने एक लड़का देख रहा था, उसने रोका तो उसने उसके पेट में चाकू घोंप दिया। आगे पुलिस की गाड़ी आ रही थी। उसने सोचा पुलिस उसी को पकड़ने के लिए आ रही है। उसने सीधे ड्राईवर के सीने में गोली मार दी।
मोहन	:	तो उस बच्चे का क्या हाल है?
सोहन	:	बच्चा अस्पताल में है उसके दोनों पैर बेकार हो चुके हैं। वैसे भी बचना बहुत मुश्किल है।
मोहन	:	और जिसे चाकू मारा था?
सोहन	:	वह भी अस्पताल में है। शायद वह बच जाएगा। वह खतरे से बाहर है।
मोहन	:	पुलिस वाले का क्या हाल चाल है?
सोहन	:	वह बेचारा तो गोली लगते ही मर गया।
मोहन	:	क्या वह कार वाला भाग गया?
सोहन	:	वह भाग ही रहा था। घबराहट में एक दूसरी कार ने पीछे से टक्कर

मार दी। उस टक्कर से आगे वाली गाड़ी ने एक आदमी को टक्कर मार दी।

मोहन : तो क्या उसे बहुत चोट लगी है?

सोहन : चोट तो काफी है लेकिन भगवान ने बचा लिया।

मोहन : गाड़ी का क्या हुआ?

सोहन : टक्कर काफी जोर की थी इसलिए दोनों गाड़ियाँ बहुत टूट गयीं। उसे तो बड़ी मुश्किल से बाहर निकाला।

मोहन : सच में ही आजकल बहुत बुरा समय चल रहा है। हर रोज कोई न कोई बुरा समाचार सुनने को मिलता है। कभी कोई नौकर घर में चोरी करके भाग जाता है तो कभी बच्चे को ही उठा ले जाते हैं।

सोहन : आपने सुना कल तो कुछ लोग एक हवाई जहाज को कब्जा कर ले जाना चाहते थे। वायुयान चालक उसके लिए तैयार नहीं हुआ तो उन्होंने उसे गोली मार दी।

मोहन : फिर क्या हुआ?

सोहन : होना क्या था? गोली मारते ही जहाज का संतुलन बिगड़ गया और वह गिर गया। लगभग तीन सौ लोग मारे गये।

मोहन : तो कोई बचा नहीं?

सोहन : आपातकालीन सहायता के लिए कोशिश की लेकिन किसी को बचाया नहीं जा सका।

Practice Corner (अभ्यास कक्ष)

1. "कोई","कोई न कोई", "कुछ", और "किसी को"

(1) कोई

उदाहरण :

तो कोई बचा नहीं?

(2) कोई न कोई

उदाहरण :

आजकल मेरे इलाके में हर रोज कोई न कोई दुर्घटना हो रही है।

(3) कुछ

उदाहरण :

आपने सुना कल तो कुछ लोग एक हवाई जहाज को कब्जाकर ले जाना चाहते थे।

(4) किसी को

उदाहरण :

आपातकालीन सहायता के लिए कोशिश की लेकिन किसी को बचाया नहीं जा सका।

2. Asking his/her physical condition (क्या हाल है?)

उदाहरण :

उस बच्चे का क्या हाल है?

पुलिस वाले के क्या हाल चाल हैं?

3. One gets to hear/see (A)
(Verb(A)(oblique infinitive) + **को** + **मिलना** +**होना**)

उदाहरण :

हर रोज कोई न कोई बुरा समाचार सुनने को मिलता है।
(A)

4. Have you heard about ...? **(आपने सुना (कि) .... ?)**

उदाहरण :

आपने सुना कल तो कुछ लोग एक हवाई जहाज को कब्जाकर ले जाना चाहते थे।

5. Verb "**बचना**" **और** "**बचाना**"

उदाहरण :

बचना : वह बच जाएगा।

बचाना : चोट तो काफी है लेकिन भगवान ने बचा दिया।

Grammatical Explanation (व्याकरण व्याख्या)

1. Use of "तो"

The word "तो" is used in two ways. The first usage is as a conjunctive with a meaning of 'so', or 'then'. The second usage is that it is used to lend emphasis to a preceding word or phrase.

(1) used as a conjunctive, meaning "so" or "then"

उदाहरण :

- सामने एक लड़का देख रहा था उसने उसे रोका तो उसने उसके पेट में चाकू घोंप दिया।
- तो क्या उसे बहुत चोट लगी है?

(2) used to lend emphasis to a preceding word or phrase

उदाहरण :

- अच्छा, तो तुम जापान से हो?
- लड़का पढ़ा लिखा तो था पर कमजोर था।
- कल तो वह घर पर था।
- मैं तो बहुत परेशान हो गया हूँ।
- क्या हुआ? कुछ बताएँ तो?
- चोट तो काफी है लेकिन भगवान ने बचा दिया।

2. Use of "ही" (Emphatic)

The word "ही" emphasises or limits the word or phrase that precides it, such as "मैं ही" (I myself or only I).

उदाहरण 1:

दो दिन पहले हमारे ब्लाक में ही नौकर ने मालिक को जहरीली चाय पिलाकर मार डाला।

<u>उदाहरण 2:</u>

मोहन : क्या वह कार वाला भाग गया?

सोहन : वह भाग ही रहा था।

<u>उदाहरण 3:</u>

- मैं हिन्दी ही सीखूँगा।
- आज हम यहीं रहेंगे। (यहीं = यहाँ + ही)
- गुरूजी अभी आएंगे। (अभी = अब + ही)
- उसने सोचा पुलिस उसी को पकड़ने के लिए आ रही है। (उसी = उस + ही)

खटमल अपनी दरार में लौट गया।

मच्छर बैठे-बैठे राजा का इन्तजार करने लगा।

प्रतीक्षा करते-करते मच्छर थक गया, पर राजा आ ही नहीं रहा था। ऊपर से यात्रा की थकान। वह परेशान हो रहा था। तभी राजा झूमते हुए बिस्तर पर आकर लेट गये। अब तो मच्छर की खुशी का ठिकाना न रहा। उसके मन में लड्डू फूटने लगे। वह सोचने लगा, "वाह! अब मुझे राजा के खून का स्वाद मिलेगा। वह शहद से भी मीठा होगा"। उसे इतनी खुशी हो रही थी कि वह खटमल की बताई चेतावनी ही भूल गया।

राजा को अभी नींद आनी शुरू ही हुई थी कि मच्छर ने उसकी गर्दन पर काट लिया। राजा तड़पकर उठ बैठा। उसने लाल पीला हो चिल्लाकर नौकरों को बुलाया। "अरे, सब जल्दी आओ, जल्दी आओ। मुझे किसी कीड़े-मकौड़े ने काट लिया है। देखो क्या है, जो कुछ मिले उसे मार डालो"।

<u>**उदाहरण 2:**</u>

मोहन : क्या वह कार वाला भाग गया?

सोहन : वह भाग ही रहा था।

<u>**उदाहरण 3:**</u>

- मैं हिन्दी ही सीखूँगा।
- आज हम यहीं रहेंगे। (यहीं = यहाँ + ही)
- गुरूजी अभी आएंगे। (अभी = अब + ही)
- उसने सोचा पुलिस उसी को पकड़ने के लिए आ रही है। (उसी = उस + ही)

Word Corner (शब्द कक्ष)

Accidents / Incidents

गोली मारना

चाकू मारना

चोरी करना

टक्कर मारना

पीछे से टक्कर मारना

काटना

उठा ले जाना

फटना / विस्फोट होना

गिरना

डूबना

<u>Other words</u>

मारना

चीथना

कबजाना

उठा कर ले जाना

आपत सहायता करना

पाठ-37

रंगा सियार

एक जंगल में एक सियार शिकार की खोज में इधर-उधर भटक रहा था। जब उसे खाने को कुछ नहीं मिला तो घूमते-घूमते वह पास के ही शहर की गलियों में जा पहुँचा। वह जानता था कि शहर में घूमना खतरे से खाली नहीं है। लेकिन वह इतना भूखा था कि मरता क्या न करता। वह खतरे की परवाह किये बिना आगे बढ़ता रहा। उसने मन में सोचा अब तो जैसे भी हो खाना मिलना ही चाहिए। शहर में कुत्ते भौंक रहे थे। वह सोचने लगा, “ये कहीं मुझ पर हमला न कर दें”। कुत्तों की आवाज और पास आती जा रही थी। वह समझ गया कि अब वे उसका पीछा करेंगे। वह डर गया और भागने लगा। कुत्तों ने उसे देख लिया था, वे भी उनका पीछा करने लगे। उनसे पीछा छुड़ाने के लिए वह और तेज दौड़ने लगा। कुत्ते काफी नजदीक आ गये थे। प्राण बचाने के लिए वह भागकर पास ही के एक

घर में घुस गया। वह एक रंगरेज का घर था। आंगन में नीले रंग से भरा एक टब रखा था। सियार ने छुपने के लिए उसी में छलांग लगा दी। जब कुत्ते सियार को न पा सके तो निराश होकर लौट गये। सियार कुछ देर बाद जब उसे विश्वास हो गया कि कुत्ते चले गये हैं तब नांद से बाहर निकल आया। अपने को नीले रंग में रंगा देखकर उसे बड़ा आश्चर्य हुआ।

वह आदमियों और कुत्तों से बचकर जैसे-तैसे जंगल में लौट आया। अरे यह क्या उसे देखकर जंगल के सभी जानवर डर के मारे भागने लगे। नीले रंग का पशु उन्होंने पहले कभी नहीं देखा था।

सियार ने देखा कि सभी जानवर उससे डरे हुए हैं। बस उसने तुरन्त ही इस बात से लाभ उठाने की ठान ली। उसने मन ही मन योजना बनाई और बोला, "अरे तुम सब भाग क्यों रहे हो?" उसने चिल्लाकर सभी को अपने पास बुलाया। उसने कहा, "आओ वापस आकर मेरी बात सुनो।"

भागते हुए सभी जानवर ठिठक कर खड़े हो गये, लेकिन उसके पास आने की हिम्मत कोई नहीं कर रहा था। "आओ, अरे भाई सब पास आ जाओ।" सियार ने फिर बड़े प्रेम से कहा, "अपने दोस्तों को भी बुला लाओ। मुझे तुम सबसे बहुत ही जरूरी बातें करनी हैं"। एक-एक करके सब जानवर नीले सियार के नजदीक सरक आये। शेर, हाथी, बन्दर, खरगोश, हिरन, बारह सींगा, नील गाय, अजगर, भेड़िया, लोमड़ी, बाघ, चीता और छोटे मोटे सभी जानवर भी आकर उसके चारों ओर खड़े हो गये। नीले सियार ने कहा, "तुम्हें मुझसे डरने की जरूरत नहीं है। तुम मेरे साथ सुरक्षित हो। ईश्वर ने मुझे तुम्हारा राजा बनाकर भेजा है। मैं तुम्हारी रक्षा करूँगा"। पशुओं ने उसके कहे पर विश्वास कर लिया। सबने उसे झुक कर नमस्कार किया। उन्होंने कहा, "हे राजन, हम सब आपको अपना राजा स्वीकार करते हैं"। उन्होंने भगवान को धन्यवाद दिया और पूछा, "महाराज आप हमें आदेश दें, हम आपकी क्या सेवा कर सकते हैं?"

सियार ने कहा, "तुम्हें एक दूसरे का ख्याल रखना है और अपने राजा की देख-भाल खूब अच्छी तरह से करनी चाहिए। राजा का समय पर खान-पान का

Practice Corner (अभ्यास कक्ष)

1. so that .... (ताकि ...)

उदाहरण :

राजा का समय पर खान-पान का अच्छा प्रबंध होना चाहिए ताकि ईश्वर आप सभी को आशीर्वाद दें।

Look at the Difference (अंतर देखें)

1. "आती जा रही थी" और "आ रही थी"

उदाहरण :

- कुत्तों की आवाज और पास आती जा रही थी।
- कुत्तों की आवाज और पास आ रही थी।

पाठ-38

एक दिन का मेहमान

एक बार एक खटमल अपने भारी-भरकम कुटुम्ब के साथ राजा के सुंदर पलंग के कोनों और दरारों में रहता था। उसके परिवार में भाई-बन्धु, बेटा-पोते और बहुत सारे बाल-बच्चे थे।

उस परिवार का समय बड़े ही मजे में बीत रहा था। जब राजा सोया होता तो वे उसका खून चूसते और मजे करते। एक दिन न जाने कहाँ से एक मच्छर उड़ता हुआ वहाँ आ गया। उसने राजा का सुंदर बिछौना देखा और कहा, "अहा, कितना कोमल! कितना आराम देह।"

यह सुनकर खटमल परिवार का मुखिया बाहर निकला और मच्छर से पूछा, "तुम कौन हो? कहाँ से आये हो? यहाँ क्या कर रहे हो? जानते नहीं यह राजा का बिस्तर है। तुम यहाँ नहीं बैठ सकते। अगर तुम्हें अपनी जान प्यारी है तो फौरन यहाँ से नौ दो ग्यारह हो जाओ।"

मच्छर ने बड़े ही विनम्र लेकिन दृढ़ता से उत्तर दिया, "क्या अतिथि से ऐसे ही बात की जाती है?" मैं एक यात्री हूँ। दूर देश से आया हूँ। मैंने अपनी यात्रा के दौरान बहुत लोगों से सुना है कि राजा का खून बहुत मीठा होता है। मैं सोचता हूँ जिसका बिस्तर इतना कोमल है उसका खून तो शहद जैसा मीठा होता होगा। मुझे अपना मेहमान समझकर राजा का खून चखने दो, मैं आपका यह ऐहसान कभी नहीं भूलूँगा और अपने देश में जाकर आपकी इस मेहमान नवाजी की प्रशंसा करूँगा। खटमल ने आँखे तरेर कर कहा, "नहीं, यह नहीं हो सकता।" "क्यों नहीं?" मच्छर ने पूछा।

खटमल ने कहा, "क्योंकि जब तुम राजा को काटोगे तो राजा को बहुत दर्द होगा। वह तुम्हारे साथ हम सब को भी मार डालेगा। इसलिए कृपा करके यहाँ से चले जाओ।"

लेकिन मच्छर गिड़गिड़ाकर खटमल के पैरों में गिर पड़ा और हाथ जोड़ कर विनती करने लगा, "दया कीजिए, मुझे केवल आज रात यहाँ रहने दीजिए। मैं केवल राजा का खून चख कर कल सुबह-सुबह ही यहाँ से चला जाऊँगा।"

खटमल को दया आ गयी। वह बोला, "ठीक है, लेकिन केवल आज रात तक ही ठहरने दूँगा।" मच्छर बड़ा खुश हुआ। खटमल ने बड़े ही रोब से आँखें लाल-पीली करते हुए फिर कहा, "लेकिन याद रखो, तुम खून चूसने के लिए गलत समय पर मत आना और गलत स्थान पर मत काटना।"

मच्छर बोला, "तो आप ही बताइये, ठीक समय कौन सा है और काटने के लिए कौन-सा स्थान ठीक है?"

खटमल ने कहा, "जब महाराज मदिरा पीकर खाना खा चुकें और नशे में चूर होकर गहरी नींद में सो जायें। वही समय ठीक रहेगा।"

"और ठीक स्थान?" मच्छर ने पूछा।

"राजा का पैर", खटमल ने कहा।

"बहुत अच्छा, मैं ऐसा ही करूँगा"।

खटमल अपनी दरार में लौट गया।

मच्छर बैठे-बैठे राजा का इन्तजार करने लगा।

प्रतीक्षा करते-करते मच्छर थक गया, पर राजा आ ही नहीं रहा था। ऊपर से यात्रा की थकान। वह परेशान हो रहा था। तभी राजा झूमते हुए बिस्तर पर आकर लेट गये। अब तो मच्छर की खुशी का ठिकाना न रहा। उसके मन में लड्डू फूटने लगे। वह सोचने लगा, "वाह! अब मुझे राजा के खून का स्वाद मिलेगा। वह शहद से भी मीठा होगा"। उसे इतनी खुशी हो रही थी कि वह खटमल की बताई चेतावनी ही भूल गया।

राजा को अभी नींद आनी शुरू ही हुई थी कि मच्छर ने उसकी गर्दन पर काट लिया। राजा तड़पकर उठ बैठा। उसने लाल पीला हो चिल्लाकर नौकरों को बुलाया। "अरे, सब जल्दी आओ, जल्दी आओ। मुझे किसी कीड़े-मकौड़े ने काट लिया है। देखो क्या है, जो कुछ मिले उसे मार डालो"।

राजा के नौकरों ने बिस्तर को अच्छी तरह से झाड़ा। मच्छर तो स्वाद लेकर उड़ चुका था अब शामत आयी खटमल और उसके पूरे परिवार की। नौकरों ने पलंग को झाड़-झाड़ कर पूरे खटमल परिवार को मसल डाला।

Practice Corner (अभ्यास कक्ष)

1. past habitual conduct (When ...., (X) used to do (A))
(जब ....Verb(past tense form) होता
तो (X) Verb(A)(present participle)

उदाहरण :

जब राजा सोया होता तो वे उसका खून चूसते और मजे करते।
(X) (A) (A)

2. Feeling(A) comes to (X)'s mind ((X) को (A) आना)

उदाहरण :

- खटमल को दया आ गयी।
(X) (A)
- गीता को नींद आ गयी।
- रोनी को गुस्सा आ गया।

3. Please give me the permission to do (A)
(मुझे Verb(A)(oblique infinitive) + दो / दीजिए)

उदाहरण :

मुझे केवल आज रात यहाँ रहने दीजिए।
(A)

4. (X) is/was so (A) that (Main sentence)
((X) को इतना (A) + होना + कि + (Main sentence))

उदाहरण :

उसे इतनी खुशी हो रही थी कि वह खटमल की बताई चेतावनी ही भूल गया।
(X) (A)

Word Corner (शब्द कक्ष)

Verb 2

ठेलना

खींचना

हाथ ऊपर उठाना

झुकना

पीछे देखना

उठाना

दौड़ना

चढ़ना

ठोकर मारना

फैंकना

नीचे गिरना

रेंगना

हिलाना

छलांगना

हाथों के बल खड़े होना

पानी में कूदना

तैरना

गोता लगाना

उड़ना

पाठ-39

हंस

एक बार की बात है वन में एक बहुत बड़ा वट वृक्ष था। इस पेड़ पर हंसों का एक झुण्ड रहता था। वे सब यहाँ सुरक्षित और आराम से रह रहे थे। उनमें से एक बूढ़ा हंस बहुत बुद्धिमान था। उसने पेड़ के तने के पास एक बेल को उगते देखा। इसके बारे में उसने दूसरे हंसों को बताया। बूढ़े हंस ने उनसे कहा, "तुम्हें इस लता को जल्दी से जल्दी नष्ट कर देना चाहिए"।

दूसरे हंसों ने बड़े आश्चर्य से पूछा, "यह इतनी छोटी सी है। यह हमें क्या हानि पहुँचा सकती है?" "मेरे दोस्तो", बूढ़े हंस ने कहा, "छोटी सी लता देखते ही देखते बड़ी हो जाएगी। यह हमारे पेड़ पर चढ़कर उससे लिपटती जाएगी और फिर कुछ समय बाद मोटी और मजबूत हो जाएगी"।

"तो क्या होगा?" हंसों ने पूछा, "एक लता हमें क्या हानि पहुँचा सकती है?" बूढ़े हंस ने उत्तर दिया, "तुम लोग समझ नहीं रहे हो। कोई भी इस बेल के

सहारे पेड़ पर चढ़ सकता है। कोई बहेलिया किसी दिन हमें मार सकता है"।

हंसों ने कहा, "ठीक है, अभी तो यह बेल बहुत छोटी है। इतनी छोटी-सी बेल हमें क्या हानि पहुँचा सकती है? बाद में देख लेंगे"।

"यह जब तक छोटी है तभी तक इसे नष्ट कर देना चाहिए, बाद में यह बहुत सख्त और मोटी हो जाएगी, तब इसे काट पाना कठिन हो जाएगा और फिर किसी दिन यह हमारे अनिष्ट का कारण बन जाएगी"।

"अच्छा, अच्छा, कल देखेंगे"। सभी हंसों ने उसकी बात को टाल दिया कुछ दिनों में वे बूढ़े हंस की बात को भूल गये। लता बढ़ती गई। वह पेड़ के तने के चारों तरफ लिपट कर ऊपर और ऊपर चढ़ती गई। ज्यों-ज्यों समय गुजरता गया त्यों-त्यों बेल और मजबूत होती गयी।

एक दिन सुबह जब हंसों का झुंड भोजन की खोज में बाहर गया हुआ था, उस समय एक शिकारी पेड़ के पास आया। वह पेड़ के नीचे हंसों के पंख देखकर समझ गया कि इस पेड़ पर बहुत हंस रहते होंगे।

शिकारी (बहेलिया) बेल का सहारा लेकर पेड़ पर चढ़ गया उसने बिल्कुल ऊपर पहुँचकर अपना जाल फैला दिया और जल्दी से नीचे उतर कर घर चला गया। शाम को सभी हंस वापस लौटे तो उन्होंने शिकारी के जाल को नहीं देखा। ज्यों ही वे अपने घोसलों में जाने लगे जाल में फंस गये। उन्होंने जाल से निकलने के लिए बहुत हाथ-पैर मारे मगर असफल रहे।

वे सब चिल्लाने लगे, "हमें बचाओ, हमें बचाओ। हम शिकारी के जाल में फँस गये हैं। ओह अब हम क्या करें?"

बूढे हंस ने कहा, "अब इतना क्यों घबरा रहे हो? मैंने तुम्हें बहुत पहले ही बेल को काट देने के लिए कहा था, मगर तुम लोगों ने मेरी एक न सुनी। अब उसका क्या फल हुआ। कल सुबह बहेलिया आयेगा। इस बेल के सहारे पेड़ पर चढ़ेगा और हम सबको मौत के घाट उतार देगा"।

सब हंस बहुत दुखी हुए। वे बोले "हमने बड़ी मूर्खता की। हमें अफसोस है कि हमने तुम्हारी बात उसी समय नहीं मानी। हमें क्षमा कर दो। कृपा करके, अब यह बताओ कि हम सब अपनी जान कैसे बचाएँ?"

बूढा हंस बोला, "अच्छा, तो ध्यान से सुनो कि हमें क्या करना चाहिए।"

"बताओ, कृपाकर जल्दी बताओ कि हम क्या करें?" बूढे हंस ने कहा, "जब सुबह शिकारी आये तो तुम सब मरे जैसे चुपचाप पड़े रहना। बहेलिया मरे हुए पक्षियों को कोई हानि नहीं पहुँचायेगा। वह उन्हें घर ले जाने के लिए जाल से निकालकर एक-एक करके जमीन पर फेंक देगा। जब वह आखिरी पक्षी को भी निकालकर फेंक दे तो सब जल्दी से उड़ जाना।"

सुबह बहेलिया आया और पेड़ पर चढ़ गया। उसने जाल में फँसे हंसों को देखा, उसे सभी पक्षी मरे हुए लगे। उसने एक-एक पक्षी को जाल से निकाला और जमीन पर फेंकता गया। जब तक उसने आखिरी पक्षी जमीन पर न फेंक दिया सब दम साधे पड़े रहे। शिकारी समझा कि वे सब मरे हुए हैं। ठीक है? यह क्या? एकाएक सब जिंदा हो गये। सबके सब पंख फड़फड़ा कर उठे और उड़ गये।

Practice Corner (अभ्यास कक्ष)

1. Without even realizing (देखते (ही) देखते)

उदाहरण :

छोटी सी लता देखते ही देखते बड़ी हो जाएगी।

2. Then what will it be? What would that result in? (तो क्या होगा?)

उदाहरण :

(X): यह कुछ समय बाद मोटी और मजबूत हो जाएगी।

(Y): तो क्या होगा?

3.The more (A), the more (B) (ज्यों-ज्यों (A) त्यों-त्यों (B))

उदाहरण :

ज्यों-ज्यों समय गुजरता गया त्यों-त्यों बेल और मजबूत होती गयी।
(A) (B)

4. Just when (A), at the same time (B) (ज्यों ही .... (त्यों ही) ....)

उदाहरण :

ज्यों ही वे अपने घोसलों में जाने लगे (त्यों ही) जाल में फंस गये।
(A) (B)

5. For (X), the regret is that (A) ((X) को अफसोस है कि (A))

उदाहरण :

हमें अफसोस है कि हमने तुम्हारी बात उसी समय नहीं मानी।
(X) (A)

6. Please / Kindly ... (कृपा करके ...)/ (कृपाकर ...)

उदाहरण :

- कृपा करके, अब यह बताओ कि हम सब अपनी जान कैसे बचाएँ?"
- बताओ, कृपाकर जल्दी बताओ कि हम क्या करें?

Grammatical Explanation (व्याकरण व्याख्या)

1. Explaining that if a certain state continues, then it will result in verb(A) (X) will have Verb(A) (past perfect)

(X) + Verb(A)(present participle) + जाएगा

उदाहरण :

- यह हमारे पेड़ पर चढ़कर उससे लिपटती जाएगी।
  (X) (A)

2. Expressing the progress / growth of a certain thing / situation

(X) + Verb(A)(present participle) + गया

उदाहरण :

- लता बढती गई।
  (X) (A)
- वह पेड़ के तने के चारों तरफ लिपट कर ऊपर और ऊपर चढ़ती गई।
- उसने एक-एक पक्षी को जाल से निकाला और जमीन पर फेंकता गया।

3. Presuming the habitual situation:
   (X) must have done same action habitually

(X) + Verb(A)(Present participle) + होगा

उदाहरण :

वह पेड़ के नीचे हंसों के पंख देखकर समझ गया
कि इस पेड़ पर बहुत हंस रहते होंगे।
(X) (A)

Look at the Difference (अंतर देखें)

1. "गया हुआ था" और "गया था"

उदाहरण :

- जब हंसों का झुंड भोजन की खोज में बाहर गया हुआ था, उस समय एक शिकारी पेड़ के पास आया।

- जब हंसों का झुंड भोजन की खोज में बाहर गया था, उस समय एक शिकारी पेड़ के पास आया।

Word Corner (शब्द कक्ष)

Verb 3

पूरा करना	पार करना
पहुँचना	इंतजार करना
भागना	शुरू करना
हिलाना	सवारी करना
खोलना	बंद करना
उबालना	पकाना
हंसना	डरना
सीखना	पढ़ना
रोना	चिल्लाना
बात करना	कहना
खड़ा होना	बैठना
धक्का देना	खींचना
जीना	मर जाना
भेजना	रखना
निचोड़ना	हिलाना

Appendix

1. Intransitive and Transitive Verbs

A verb may be transitive (requiring object(s)), or intransitive (not requiring an object).

<u>उदाहरण 1:</u>

<u>Intransitive Verbs</u>	<u>Transitive Verbs</u>
बनना	बनाना

- खाना बन रहा है।
- माताजी खाना बना रही हैं।

पकना	पकाना

- माँस पक रहा है।
- माताजी माँस पका रही हैं।

जलना	जलाना

- लकड़ियाँ जल रही है।
- बच्चे लकड़ियाँ जला रहे हैं।

लगना	लगाना

- खिड़की पर पर्दे लगे हैं।
- मोहन पर्दे लगा रहा है।

<u>उदाहरण 2:</u>

<u>Intransitive Verbs</u>	<u>Transitive Verbs</u>
कटना	काटना

- पेड़ कट रहा है।
- मजदूर पेड़ काट रहे हैं।

Intransitive Verbs	Transitive Verbs
मरना	मारना

- शेर मर गया।
- शेर को मार दिया।

निकलना	निकालना

- नल से पानी निकल रहा है।
- मैं जेब से पैसे निकाल रहा हूँ।

लदना	लादना

- गाड़ी में सामान लद रहा है।
- लोग गाड़ी में सामान लाद रहे हैं।

<u>उदाहरण 3:</u>

Intransitive Verbs	Transitive Verbs
घूमना	घुमाना

- बच्चे घूम रहे हैं।
- पिताजी बच्चों को घुमा रहे हैं।

लेटना	लिटाना

- गीता लेटी हुई है।
- माँ ने गीता को बिस्तर पर लिटाया हुआ है।

बैठना	बिठाना

- मोहन कुर्सी पर बैठा है।
- मोहन को कुर्सी पर बिठाया।

सोना	सुलाना

- बच्चा सो रहा है।
- बच्चे को सुलाया हुआ है।

उदाहरण 4:

Intransitive Verbs	Transitive Verbs
धुलना	धोना

- कपड़े धुल रहे हैं।
- मोहन कपड़े धो रहा है।

टूटना	तोड़ना

- लकड़ी टूट गयी।
- मोहन ने लकड़ी को तोड़ दिया।

बिकना	बेचना

- सब्जी बिक रही है।
- सब्जिवाला सब्जी बेच रहा है।

दीखना	देखना

- मुझे यहाँ से सड़क दिख रही है।
- मैं यहाँ से सड़क देख रहा हूँ।

उदाहरण 5:

Transitive Verbs 1	Transitive Verbs 2
खाना	खिलाना

- मैं खाना खा रहा हूँ।
- मैं बोता को खाना खिला रहा हूँ।

बोलना	बुलाना

- वह हिंदी बोल रहा है।
- वह मुझे बुला रहा है।

देखना	दिखाना

- मैंने कल हिंदी फिल्म देखी।
- उसने मुझे हिंदी फिल्म दिखायी।

सुनना	सुनाना

- मैं हिंदी गाने सुन रहा हूँ।
- वह मुझे हिंदी गाने सुना रहा है।

<u>उदाहरण</u> 6:

Transitive Verbs 1	Transitive Verbs 2
लिखना	लिखवाना

- बेटा पत्र लिख रहा है।
- मैं बेटे से पत्र लिखवा रहा हूँ।

बनाना	बनवाना

- मजदूर फलाई ओवर बना रहे हैं।
- सरकार मजदूरों से फलाई ओवर बनवा रही है।

खींचना	खींचवाना

- बैल गाड़ी खींच रहे हैं।
- अर्पित ने दोस्तों से गाड़ी खिंचवाई।

खोलना	खुलवाना

- सेना रास्ता खोल रही है।
- सेना से रास्ता खुलवाया।

पीना	पिलवाना

- बच्चे ने दूध पिया।
- गोहर ने बच्चे को नौकरानी से दूध पिलवाया।

2. Compound Verbs

Main Verb	+	Subsidiary Verb

The subsidiary verbs help to modify the aspect or the nature of the action denoted by the main verb.
Compound verbs are divided into four groups based on the form of main verb.

(1) When the form of a verb is "the main root form" (मूलधातु)

① जाना के साथ : indicates 'completion'.

<u>उदाहरण :</u>

- मैं पूरा दूध पी जाऊँगा।
- मोहन पूरी किताब पढ़ गया।
- सीता आ गई।
- मोहन उठ गया।

② उठना के साथ : indicates 'beginning'

<u>उदाहरण :</u>

- वह बोल उठा।

③ लेना के साथ : denotes 'completion of an action', mainly for one's own interest.

<u>उदाहरण :</u>

- मैंने खा लिया।
- वह आज पाँच घंटे सो लिया।
- उसने नया मकान ले लिया।
- मैंने बहुत कुछ पा लिया।
- मैंने आपनी दोस्त का पत्र पढ़ लिया।

④ देना के साथ : ①denotes 'completion of an action', for someone else.
②denotes 'to start to'.

<u>उदाहरण :</u>

- मैंने आपका काम कर दिया।
- वह समाचार मिलते ही अपने घर के लिए चल दिया।
- मैंने दुकानदार के लिए उसके बेटे का पत्र पढ़ दिया।

⑤ पड़ना के साथ : denotes a sudden change / happening

<u>उदाहरण :</u>

- वह उस लड़के को देखकर हँस पड़ी।
- मैं ठोकर खाकर गिर पड़ा।

⑥ रखना के साथ : denotes 'to do precedently, priorly'

<u>उदाहरण :</u>

- मैंने खाना बना रखा है।
- मैंने माँ से कह रखा है।

⑦ डालना के साथ : denotes 'completion with vehemence'

<u>उदाहरण :</u>

- आतंकियों ने सैकड़ों लोग मार डाले।
- भूख में जैसा मिला वैसा ही खा डाला।
- हमें जैसा दूध मिला पी डाला।

⑧ सकना के साथ : denotes 'to be able to'. (only with intransitive verb).

<u>उदाहरण :</u>

- यह गाना मैं अच्छी तरह गा सकता हूँ।
- क्या वह इतनी जल्दी आ सकेगा?

⑨ निकलना के साथ : denotes 'to happen, to start to'.

<u>उदाहरण :</u>

- गाड़ी चल निकली।
- पुलिस वाले ऐसे ही आगे आ निकले।

⑩ चुकना के साथ : denotes 'completion'. (only with intransitive verb).

<u>उदाहरण :</u>

- वह जब पढ़ चुका तब उठा।
- वे जब पूरी तरह समझ चुके तब उठे।
- वह जब परेशान हो चुका तब गया।

⑪ पाना के साथ (with "नहीं") : denotes an inability to do something

<u>उदाहरण :</u>

- मैं उससे नहीं मिल पाया।
- वह गाली देकर चला गया और मैं कुछ नहीं कर पाया।

(2) When the form of the main verb is "infinitive"

① चाहना के साथ : denotes 'to want'.

<u>उदाहरण :</u>

- मैं जाना चाहता हूँ।
- बच्चे गेंद से खेलना चाहते हैं।

② लगना के साथ : denotes 'to begin to' (only with intransitive verb).

<u>उदाहरण :</u>

- थोड़ी देर बाद ट्रेन तेज गति से चलने लगी।

③ देना के साथ : denotes 'to permit to ...'.

<u>उदाहरण :</u>

- मुझे अंदर जाने दो।
- मैंने उसे बात नहीं करने दी।
- मुझे उनसे बात करने दीजिए।

(3) When the form of the main verb is "present participle"

① जाना के साथ : denotes 'to go on doing'.

उदाहरण :

- लोग बढ़ता जाता है।
- काम बढ़ता जाता है।

② रहना के साथ : denotes 'continue to do something as a habit'.

उदाहरण :

- मैं सवेरे से शाम तक काम करता रहता हूँ।
- वह दिन-रात पढ़ता रहता है।

③ आना के साथ : denotes 'continuity from some time in the past, to the present and into the future'.

उदाहरण :

- हम बरसों से यहाँ रहते आये हैं।
- वे हमेशा से वहाँ खेलते आये हैं।

(4) When the form of the main verb is of "past participle"

① करना के साथ : denotes 'frequency or habitual action'.

उदाहरण :

- ध्यान से पढ़ा करो।

② रहना के साथ : denotes 'continuity of a state'.

उदाहरण :

- वह खाट पर पड़ा रहा।
- वह पार्क में बैठा रहा।
- वह बैठा रहता है।
- जब तक गुरू जी ने प्रार्थना की चुहिया बड़े ही शांत भाव से गोद में बैठी रही।

3. Interrogative

(1) Oblique Form

Original Form	Oblique Form	Possessive Pronoun (Oblique Form)
कौन	किस	किसका
क्या	किस	किसका
कौन-कौन	किन	किनका
क्या-क्या	किन	किनका
कोई	किसी (एक.)	किसी का (एक.)
कोई	किन्हीं (बहु.)	किन्हीं का (बहु.)

(2) Pronoun & Relative Pronoun

① Relative Pronoun जो.

Singular (एक.)	जिस	जिसका	जिसे
Plural (बहु.)	जिन	जिनका	जिन्हें

② Relative Pronoun and Pronoun of "Near" & "Not near"

Interrogative	Pronoun		Relative Pronoun
	Near	Not near	
क्या (thing) कौन (person)	यह	वह	जो
कैसा (quality)	ऐसा	वैसा	जैसा
कितना (quantity)	इतना	उतना	जितना
कहाँ (place)	यहाँ	वहाँ	जहाँ
किधर (direction)	इधर	उधर	जिधर
कब (time)	अब	तब	जब

③ Using a Relative Pronoun with the Pronoun of "Not near"

<u>उदाहरण :</u>

- जिस समय वह हमारे गाँव पहुँचा उस समय सूरज डूब चुका था।
- जितना कमजोर वह खुद था उससे भी कमजोर था उसका घोड़ा।
- जितनी देर में हम यहाँ आये हैं, स्टेशन उसका आधा भी नहीं है।
- जिस कक्षा में मोहन पढ़ता है, सोहन भी उसी कक्षा में पढ़ता है।
- तुम्हें जो कुछ मिलेगा उस में से आधा हिस्सा मुझे देना पड़ेगा।
- जिन बातों के लिए मुझे डाँटा जाता है, उन्हीं बातों के लिए दूसरे बच्चों को क्यों नहीं मना किया जाता?
- जहाँ नदी या तालाब हो वहाँ आबादी भी होगी।

Word List

पाठ 17

Part 1. शादी से लौट कर

बीच	ⓝ m ①middle ②intervening space or time
सीताफल	ⓝ m the custard-apple tree, and its fruits
खीरा	ⓝ m a cucumber
ककड़ी	ⓝ f a type of cucumber
बैंगन	ⓝ m egg-plant / brinjal
लम्बा	ⓐⓙ ①long ②tall ③extensive, great, large
लौकी	ⓝ f bottle-gourd
मुरझाना	ⓥⓘ ①to wither, to fade ②to become dispirited ③to feel faint
आम	ⓝ m the mango tree, and its fruit
बाग	ⓝ m ①large garden ②orchard ③grove
आड़ू	ⓝ m a peach
गमला	ⓝ m a wide-mouthed jar or pot (as for plants)
रेशमी	ⓐⓙ ①made of silk ②silky
फर्श	ⓝ m ①carpeting, floor-cloth ②a floor ③a pavement
संगमरमर	ⓝ m marble
पंखा	ⓝ m a fan
छत	ⓝ f ①a roof ②a ceiling ③a deck
झाड़फानूस	ⓝ m a chandelier
बंदूक	ⓝ f a gun
टंगना	ⓥⓘ to hang, to be suspended
दादी	ⓝ f paternal grandmother
कद	ⓝ m height, stature

आदमकद	(aj) of a man's height
चित्र	(n) [m] ①a picture, a painting ②photograph
रखना	(vi) ①to put, to place, to deposit ②to keep ③to protect, to preserve ④to possess
मेजपोश	(n) [m] tablecloth
बिछना	(vi) to be spread out, to be laid
गुलदस्ता	(n) [m] a bunch of flowers / flower bouquet
पंडाल	(n) [m] pavillion / tent coverings
स्वादिष्ट	(aj) very tasty; tasty
देशी-घी	(n) [m] clarified butter
सुगंध	(n) [m] fragrance, aroma (aj) sweetsmelling, fragrant, aromatic
फैल	(vi) to spread, to be spread,to stretch out, to be extended, to become current
भर	(av) the amount of, the whole of
गीत	(n) [m] song
संगीत	(n) [m] music
उत्सव	(n) [m] ①festival ②rejoicing, festivity
खत्म	(n) [m] end (aj) finished, completed, done
शराब	(n) [f] wine, alcohol
झड़ी	(n) [f] a shower
चिंता	(n) [f] ①thought, consideration ②care, concern, attention, anxiety, worry
भरना	(vi) to be filled, to be full, to fill
जाम	(aj) jammed, blocked
चिंतित	(aj) perplexed, concerned, anxious
नींद	(n) [f] sleep

पाठ 18

Part 1. कातो का परिवार

भाभी ⓝ f elder brother's wife

मिलवाना ⓥⓣ ①to cause to be mixed, joined

शुक्रिया (phrase) thank you

बेटी ⓝ f daughter

परेशान ⓐⓙ ①disordered ②troubled, worried, embarrassed distressed

परेशानी ⓝ f trouble, distress

खुशी ⓝ f ①happiness ②pleasure

चीनी ⓝ f sugar

नमकीन ⓐⓙ salty, salted ⓝ m salted food

रिश्ता ⓝ m connection, relationship

रिश्तेदार ⓝ m a relative

ताऊ ⓝ m ① father's elder brother ②a senior, superior

ताई ⓝ f wife of a father's elder brother

नाना ⓝ m maternal grandfather

मामी ⓝ f wife of a maternal uncle

फूफा ⓝ m husband of paternal aunt

बूआ ⓝ f paternal aunt

जेठ ⓝ m a husband's elder brother

देवर ⓝ m husband's younger brother

जेठानी ⓝ f the wife of a husband's elder brother

देवरानी ⓝ f husband's younger brother's wife

ननद ⓝ f husband's sister

जीजा	ⓝ m	a sister's husband
सास	ⓝ f	mother in law
ससुर	ⓝ m	father in law
बूढ़ा	ⓐⓙ	old, aged ⓝ m an old man

पाठ 19

Part 1. पटरी बाजार

पटरी	ⓝ f	pavement, path
हर	ⓐⓙ	each, every
ठेकेदार	ⓝ m	a contractor, a lessee
सामान	ⓝ m	①goods, things ②possessions, luggage
सजाना	ⓥⓣ	①to arrange, to prepare, to set in place ②to furnish ③to decorate
सजना	ⓥⓘ	①to be arranged, prepared ②to be arrayed
जरूरत	ⓝ f	need, necessity, want
सब	ⓐⓙ	①all ②entire ③every, each
संख्या	ⓝ f	①counting ②a number ③a figure, amount
बढ़ना	ⓥⓘ	①to increase, to grow larger, to be extended ②to grow ③to rise, to swell
धीरे	ⓐⓙ	①steadfast ②patient ③stable ④calm, self-possessed ⑤soft, gentle ⑥slow (धीरे-धीरे ⓐⓥ slowly, gradually, patiently, gently, softly)
बेचना	ⓥⓣ	to sell
कमीज	ⓝ f	a shirt
बनियान	ⓝ f	singlet, vest, under shirt
जाँघिया	ⓝ m	shorts

महिला	ⓝ [f]	a woman
साड़ी	ⓝ [f]	a sari
सलवार	ⓝ [m]	loose cotton trousers worn by women
चोली	ⓝ [f]	a blouse, bodice
लटकना	ⓥⓘ	to hang, to be hanging
रूमाल	ⓝ [m]	a handkerchief
चादर	ⓝ [f]	a sheet, coverlet
तकिया	ⓝ [m]	a pillow
गिलाफ	ⓝ [m]	covering, cover
तौलिया	ⓝ [m]	a towel
बिकना	ⓥⓘ	to be sold
काजल	ⓝ [m]	lampblack, soot
सुगंधित	ⓐⓙ	①fragrant ②perfumed, aromatic
तेल	ⓝ [m]	①vegetable oil ②mineral oil ③petrol
चूड़ी	ⓝ [f]	a bangle, bracelet
आदि	ⓐⓥ	etcetra
पटकना	ⓥⓣ	to knock down
रोना	ⓥⓘ	to cry, to weep
लौंग	ⓝ [f]	①the clove-tree ②a clove
इलायची	ⓝ [f]	cardamon
तेज-पत्र	ⓝ [m]	bay-leaf, cassia
कुम्हार	ⓝ [m]	a potter
मिट्टी	ⓝ [f]	earth, soil, clay
घड़ा	ⓝ [m]	an earth water pot
सुराही	ⓝ [f]	an earthen jar with a long narrow neck
दीपक	ⓝ [m]	a light, a lamp, candle, lantern

परात	ⓝ f	a large circular metal dish having a raised edge
चकला	ⓝ m	a round, broad stone, or flat plate (on which dough is rolled out)
सिल	ⓝ m	a stone
बट्टा	ⓝ m	stone slab and grinder
छुहारा	ⓝ m	a dried sweet date
मुनक्का	ⓝ m	a large raisin
किशमिश	ⓝ f	a small dried grape, raisin
अखरोट	ⓝ m	walnut
काजू	ⓝ m	the cashew-nut
बादाम	ⓝ m	almond
चिरौंजी	ⓝ f	nuts of Buchanania latifolia
जगह	ⓝ f	place, particular place

पाठ 20

Part 1. उदघोषणाः हवाई अड्डा हवाई जहाज

उदघोषणा	ⓝ f	announcement
हवाई अड्डा	ⓝ m	airport
उड़ान	ⓝ f	flying, flight
सुरक्षा	ⓝ f	security, safety
जाँच	ⓝ f	①examination, investigation ②test, evaluation ③research, analysis
अनुरोध	ⓝ f	insistent entreaty, appeal
उपस्थित	ⓐⓙ	present, arrived, ready (as to assist in a task)
खेद	ⓝ m	depression, grief, distress, regret
देरी	ⓝ f	delay, lateness (= देर)

आवश्यकता	ⓝ f	①necessity, need, requirement, demand ②inevitability

Part 2. वायुयान में

वायुयान	ⓝ m	an aircraft
विमान	ⓝ m	an aircraft
प्रस्थान	ⓝ m	departure
परिचारिका	ⓝ f	attendant, stewardess
पेटी	ⓝ f	belt
जानकारी	ⓝ f	acquaintance, informed knowledge
पुस्तिका	ⓝ f	a small book, booklet, brochure
साँस	ⓝ f	①breathing, breath ②sigh
संबंधी	ⓐⓙ	connected with, concerning
कठिनाई	ⓝ f	difficulty
दूरी	ⓝ f	distance away or between, separation
अनुमति	ⓝ f	permission
शीघ्र	ⓐⓙ	quick, swift
	ⓐⓥ	①quickly ②soon
तापमान	ⓝ m	temperature
सुखद	ⓐⓙ	giving hapiness, giving ease, pleasant, glad
मौका	ⓝ m	fit place, opportunity, occasion, chance

पाठ 21

Part 1. भारतीय भोजन

मेहमान	ⓝ m	a guest
जरूरी	ⓐⓙ	necessary, important, indispensable
संस्कृति	ⓝ f	culture

बुरा	ⓐⓙ bad, wicked, evil	
मानना	ⓥⓣ ①to consider sthg. as such, to accept (as valid) to agree to, to accept (a situation), to admit ②to suppose, to assume ③to believe (मान लीजिए कि ...: imagine that ...)	
समान	ⓐⓙ like, similar, equal	
	ⓟⓟ (with के) similar to ..., equal to ...	
हिसाब	ⓝ m ①counting, calculation ②rate, price, charge ③measure, proportion ④estimate, judgement	
मुख्य	ⓐⓙ chief, principal, leading, primary	
	ⓝ m principal, leader, head	
मामला	ⓝ m ①an affair, matter, dealings ②case	
अमीर	ⓐⓙ rich, wealthy	
वास्तव	ⓐⓙ real, actual, genuine ⓝ m reality	
	(वास्तव में ⓐⓥ actually)	
विविधता	ⓝ m variety	
अनेक	ⓐⓙ not one, many, several, much, abundant	
प्रकार	ⓝ m ①kind, sort, type ②way, manner, method	
जलवायु	ⓝ m climate	
भाषा	ⓝ f language, speech	
इलाका	ⓝ m a district, region	
मछली	ⓝ f a fish	
रोटी	ⓝ f a bread-cake	
पराँठा	ⓝ m a round cake of unleavened wheat flour	
खीर	ⓝ f a dish of rice boiled in milk with sugar	
डोसा	ⓝ m rice pancake	
इडली	ⓝ f a steamed rice-cake	

सांभर	ⓝ m a spiced lentil and vegetable soup
प्रसिद्ध	ⓐⓙ ①well-known ②celebrated, famous
तंदूरी	ⓐⓙ cooked in an oven
भिन्न	ⓐⓙ ①divided, separated ②distinct, different
मिस्सा	ⓝ m coarse flour of mixed grain
कचौरी	ⓝ f a kind of puri having a filling of lentils or vegetable, and deep-fried
ज्यादातर	ⓐⓙ most of ⓐⓥ most commonly, very often, for the most part
तलना	ⓥⓣ to fry
बर्फी	ⓝ f a sweet made in rectangular shapes from thickened milk and sugar
रस	ⓝ m juice, liquid
गुल्ला	ⓝ m a ball
पेड़ा	ⓝ m a sweet made of milk, sugar and spices
मलाई	ⓝ f ①skimming ②cream, clotted cream
कलाकंद	ⓝ m a sweet made of khoa or chena with sugar
लड्डू	ⓝ m a sweet consisting of balls of gram-flour, or of thicked mild, with sugar, saffron and other ingredients
जलेबी	ⓝ f a sweet made of flour soaked in syrup and fried
इमरती	ⓝ f a sweet made from pulse fried in ghi
गुलाब जामुन	ⓝ m a sweet made from khoa and soft milk cheese
मठरी	ⓝ f a sweet cake

Part 2. खाना बनाना

सीखना	ⓥⓣ to learn, to acquire

जलाना — ⓥⓣ ①to burn, to light (a lamp, a stove) ②to set on fire

उबलना — ⓥⓘ to boil, to boil up

पत्ती — ⓝ [f] leaf

अदरक — ⓝ [m] green ginger

कूटना — ⓥⓣ ①to pound ②to crush ③to thresh (corn)

बनना — ⓥⓘ ①to be made ②to be created ③to be constructed ④to be prepared, to be cooked ⑤to become

उबाल — ⓝ [m] boiling (उबाल आना : to boil up)

उबालना — ⓥⓣ ①to boil (water) ②to cook by boiling

उतारना — ⓥⓣ ①to cause to descend, to set down (as passengers, luggage), to disembark ②to cut to tear, to strip, to remove ③to lower, to decrease

छलनी — ⓝ [f] ①a sieve ②a strainer ⓐⓘbattered

छानना — ⓥⓣ ①to sift, to winnow ②to filter, to strain

गाजर — ⓝ [f] a carrot

मटर — ⓝ [m] a pea, peas

पनीर — ⓝ [m] cheese

छीलना — ⓥⓣ ①to skin, to peel, to pare, to bark (tree) ②to scratch, to scrape, to erase ③to shave ④to sharpen (pencil)

फली — ⓝ [f] a pod, seed-pod

दाना — ⓝ [m] ①a grain, crumb, speck ②clove ③a pimple ④fleck (on the skin)

दबाना — ⓥⓣ ①to press down, to press ②to squeeze ③to crush

छिलना — ⓥⓘ to be shelled, peeled

टुकड़ा	ⓝ m	a piece, bit, scrap, fragment
काटना	ⓥⓣ	①to cut ②to cut apart, to divide
छौंक	ⓝ f	seasoning, taste, flavour
लहसुन	ⓝ m	garlic
बारीक	ⓐⓙ	①fine, thin ②slender ③delicate
छौंकना	ⓥⓣ	to throw in seasoning, to season
कड़ाही	ⓝ f	a small pan or frying pan
पौंछना	ⓥⓣ	to wipe, to dust
आग	ⓝ f	①fire ②heat
भुनना	ⓥⓘ	①to be roasted ②to be fried
डकना	ⓥⓣ	①to cover ②to conceal
सूखा	ⓐⓙ	dry, dried up
तरी	ⓝ f	moistness, wetness, liquid and oil in vegetable
ढक्कन	ⓝ m	a cover, lid
बंद	ⓐⓙ	①fastened, tied, bound ②enclosed, confined ③closed, shut ④stopped (as a mechanism), turned off (an appliance, electricity) (बंद करना: to close, to turn off)
धीमा	ⓐⓙ	①slow ②subdued, soft, low ③faint, slight, weak ④moderate
सीटी	ⓝ f	whistling, whistle
गूँथना	ⓥⓣ	①to string, to thread ②to plait, to braid ③to stitch
बेलन	ⓝ m	①a roller ②a rolling-pin
गोला	ⓝ m	a round lump, ball
दबाना	ⓥⓣ	①to press down ②to squeeze ③to crush

घुमाना ⓥⓣ to cause to revolve, to turn around, to roll

सिकना ⓥⓘ to be cooked in an oven

Part 3. समझिए

रास्ता ⓝ m ①road ②street ③way

कीमत ⓝ f price

अंग्रेजी ⓝ f the English language

तैरना ⓥⓘ to swim

पैर ⓝ m the foot

चोट ⓝ f blow, wound, injury, hurt, bruise

पाना ⓥⓣ to get, to obtain, to receive

पता ⓝ m ①trace, clue ②information ③address, whereabout (पता लगना: to become known)

तरह ⓝ f ①kind, type ②manner, mode, way (अच्छी तरह (से): ⓐⓥwell)

पाठ 22

Part 1. स्वास्थ्य

स्वास्थ्य ⓝ m health

कहावत ⓝ f a proverb, saying

धन ⓝ m ①property, assets ②wealth, money, funds

तंदुरुस्त ⓐⓙ healthy

शरीर ⓝ m the body

महत्वपूर्ण ⓐⓙ important

अर्थात ⓐⓥ in other words, that is to say

शयन कक्ष ⓝ m bedroom

	(अंत में : at last, finally)
रवाना	ⓐⓙ departed (रवाना होना : to depart)
छूटना	ⓥⓘ ①to be released, to be let go, to be discharged ②to come loose ③to be free ④to leave, to depart (a train) ⑤to come out
चुकना	ⓥⓘ to be finished, to be completed
भागना	ⓥⓘ ①to run away ②to run off ③to avoid
दौड़ना	ⓥⓘ to run, to gallop
निर्णय	ⓝ m ①coming to a conclusion, <u>decision</u>, determination (निर्णय करना: to determine, <u>to decide</u>)
व्यवस्था	ⓝ f ①<u>arrangement</u>, system ②statute, law ③step, measure ④order, discipline
वापस	ⓐⓥ back, back again

पाठ 24

Part 1. भारत के पूजा स्थल

स्थल	ⓝ m ①place, site ②region
विशाल	ⓐⓙ ①broad, extensive ②vast, <u>huge</u> ③grand, great
विभिन्न	ⓐⓙ ①separated ②<u>various</u>, different
धर्म	ⓝ m religion
जाति	ⓝ f ①birth ②<u>position fixed by birth</u> ③kind, race ④community, nation, tribe
निवास	ⓝ m residing, <u>residence</u>
दुनिया	ⓝ f the world, this world
प्रेम	ⓝ m love, affection

प्रार्थना	ⓝ f	earnest request, prayer
आजादी	ⓝ f	①freedom, independence ②release, emanicipation
त्योहार	ⓝ m	a festival
मनाना	ⓥⓣ	①to cause to agree, to persuade ②to worship ③to celebrate
वर्ग	ⓝ m	①class, group ②social group ③section, chapter
शामिल	ⓐⓙ	①included ②involved, participating
आनंद	ⓝ m	①joy, delight ②enjoyment, contentment
मंदिर	ⓝ m	a temple
देवी	ⓝ f	a goddess
देवता	ⓝ m	a god
कसबा	ⓝ m	a small town, a large village
भव्य	ⓐⓙ	①splendid, magnificent ②prosperous, happy
प्रत्येक	ⓐⓥ	each, every
ग्राम	ⓝ m	①a group ②a village
रखवाली	ⓝ f	guard, watch, care (रखवाली करना: to guard, to look after)
विपत्ति	ⓝ f	①distress, a misfortune, adversity ②disaster
रक्षा	ⓝ f	①protection, preservation ②custody, care ③defence (रक्षा करना: to protect, to defend)
व्यक्ति	ⓝ m f	a person
पुजारी	ⓝ m	the priest of a temple
धूप	ⓝ f	sunshine, the sun
अगरबत्ती	ⓝ f	an incense stick

अर्चना	ⓝ m	worship, adoration
माला	ⓝ f	①garland ②a necklace
भोग	ⓝ m	food offered to an idol
प्रसाद	ⓝ m	①propitiatory offering or gift, blessing ②food offered to an idol
शिवलिंग	ⓝ m	the phallic emblem of Siva
जल	ⓝ m	water
चढ़ाना	ⓥⓣ	①to place (upon) ②to offer
प्रमुख	ⓐⓙ	chief, principal, prominent
अहिंसा	ⓝ f	non-violence
विश्वास	ⓝ m	①trust, confidence ②faith, belief
साधु	ⓝ m	a holy man, an ascetic
सर्वोच्च	ⓐⓙ	highest of all, chief, supreme
स्तर	ⓝ m	a level, or grade
मुनि	ⓝ m	a sage, ascetic
नंगा	ⓐⓙ	naked
जूता	ⓝ m	shoes, slippers, sandals
पहनना	ⓥⓣ	to put on (clothes), to wear
वस्त्र	ⓝ m	①cloth, material ②clothes
जीव	ⓝ m	①the soul, life ②a living creature
कष्ट	ⓝ m	①difficulty, trouble, inconvenience ②pain, suffering
पाप	ⓝ m	sin, evil, wickedness, moral guilt
पीपल	ⓝ m	holy fig-tree
वृक्ष	ⓝ m	a tree
हिंसा	ⓝ f	violence directed against living creature
अनुयायी	ⓝ m	follower

भेद	ⓝ m ①difference, distinction ②discrimination ③secret matter, mystery
कार-सेवा	ⓝ f ①service ②care ③worship
निष्ठा	ⓝ f ①certain knowledge, faith, belief ②devotion
पंथ	ⓝ m ①path, way, road ②sect
समर्पित	ⓐⓙ ①entrusted, committed ②surendered, dedicated
विशेषता	ⓝ f particular feature, characteristic, distinguishing property
कर्म	ⓝ m ①act, deed, work ②(moral) duty or obligation ③fate ④result
भीख	ⓝ f ①begging ②alms
मांगना	ⓥⓣ ①to ask for, to request, to entreat, to beg ②to demand
पुस्तक	ⓝ f a book
महत्व	ⓝ m ①greatness ②importance, significance
सम्मान	ⓝ m honour, esteem
मस्जिद	ⓝ f a mosque
नमाज	ⓝ m prayer (esp. the prayers prescribed by Islamic law)
कहलाना	ⓥⓘ to be called or named ⓥⓣ to cause (one) to speak or to say
पढ़वाना	ⓥⓣ to cause (one) to read
माहौल	ⓝ m mood, atmosphere, environment
गिरजाघर	ⓝ m a church
चहल-पहल	ⓝ f festivity, merriment, bustle
जनकल्याण	ⓝ m public welfare

पवित्र	ⓐⓙ	①pure ②holy, sacred
उपदेश	ⓝ m	①advice, counsel ②spiritual instruction
स्मरण	ⓝ m	remembering, recollecting, memory (स्मरण करना: to recollect, to learn by heart)
आदरणीय	ⓐⓙ	to be respected, esteemed
सम्मानित	ⓐⓙ	①honoured ②honorary
सामाजिक	ⓐⓙ	social
सांस्कृतिक	ⓐⓙ	cultural
छटा	ⓝ f	splendour, brilliance

Part 2. पत्र

पत्र	ⓝ m	letter
सादर	ⓐⓙ	paying respect, respectful
प्रणाम	ⓝ m	bow, respectful greeting
आशा	ⓝ f	①hope, expectation ②wish, desire
प्रसन्न	ⓐⓙ	①pleased, delighted ②contended
दिलचस्प	ⓐⓙ	interesting, attractive, pleasant
आजकल	ⓐⓥ	nowadays, recently, in a few day's time
परीक्षा	ⓝ f	①experiment, test, trial ②examination (of a student)
प्यार	ⓝ m	love, affection (प्यार करना: to love)
पुनः	ⓐⓥ	①again ②thereafter ③moreover
पुत्र	ⓝ m	a son, a boy, child

पाठ 25

Part 1. सहेली

सच	ⓝ m truth, the truth
मजेदार	ⓐⓙ amusing, interesting, pleasant, tasty
मजाक	ⓝ m ①a joke ②humour, wit
उड़ाना	ⓥⓣ to cause to fly, to fly (a kite, an aircraft)
शर्मीला	ⓐⓙ ①bashful, shy ②modest
शर्माना	ⓥⓘ to feel shame
आश्चर्य	ⓝ m astonishment, surprise
निराशा	ⓝ f ①lack of hope ②disappointment ③hopelessness
मिलन	ⓝ m ①meeting, joining ②mixing ③agreement, harmony
मिलनसार	ⓐⓙ sociable, friendly
तुनुकमिजाज	ⓐⓙ delicate, sensitive, irritable of temperament
मिजाज	ⓝ m ①nature ②mood, humour
घमंडी	ⓐⓙ proud, arrogant
स्वभाव	ⓝ m nature, character, temperament
कठोर	ⓐⓙ ①harsh ②hard
हँसमुख	ⓐⓙ cheerful, fond of joking
गम्भीर	ⓐⓙ serious, solemn, thoughtful
आज्ञाकारी	ⓐⓙ obedient
निराश	ⓐⓙ ①without hope ②disappointed ③hopeless
विचार	ⓝ m ①a thought, idea ②opinion
दयालु	ⓐⓙ ①compassionate ②merciful ③kind
प्यारा	ⓐⓙ ①dear, beloved, precious ②charming

गुस्सा	ⓝ m	anger, rage

पाठ 26

Part 1. ताजमहल

सुनना	ⓥⓣ	①to hear ②to listen
सलाह	ⓝ f	advice
लायक	ⓐⓙ	①fit, suitable ②capable, able ③deserving, worthy
ऐतिहासिक	ⓐⓙ	historical
संक्षेप	ⓝ m	①summary, abstract ②concision
बीवी	ⓝ f	wife
खूबसूरत	ⓐⓙ	beautiful, handsome
उम्र	ⓝ f	①life ②age
बीमार	ⓐⓙ	ill, unwell
मरना	ⓥⓘ	①to die ②to fade ③to cease
मकबरा	ⓝ m	place of a grave, a tomb
दुख	ⓝ m	sorrow, grief, distress, dejection
हलका	ⓐⓙ	①light (in weight, texture) ②of reduced or small quality or quantity, mild, soft, slight, shallow, weak
शौकीन	ⓐⓙ	fond, keen, fancying
दौरान	ⓝ m	①duration, period ②circulation (as of the blood)
कारीगर	ⓝ m	a craftsman
दरबारी	ⓐⓙ	having to do with a royal court
नक्शा	ⓝ m	①a picture, portrait ②plan, sketch, draft ③an image (in the mind's eye)

नमूना	ⓝ m	①a sample, specimen ②pattern, model
पत्थर	ⓝ m	①stone ②a precious stone
आदेश	ⓝ m	order, directive, instruction
फुवारा	ⓝ m	a fountain
मजदूर	ⓝ m	a labourer, work man
बहाना	ⓥⓣ	①to flow, to shed (tears, blood) ②to cause to float
कड़ा	ⓐⓙ	①hard, tough ②strong, powerful ③harsh severe ④firm, resolute ⑤difficult
खर्च	ⓝ m	①expenditure, expenses ②expense, cost
अधिकतर	ⓐⓙ	great or very many
चबूतरा	ⓝ m	①a platform, base (as of a temple, or mosque) ②a terrace
मीनार	ⓝ f	tall tower
गुम्बद	ⓝ m	tomb, a dome, cupola
गुलाई(गोलाई)	ⓝ f	①roundness ②a circular surround
हीरा	ⓝ m	a diamond
जड़ना	ⓥⓘ	to be joined, attached
	ⓥⓣ	①to attach, to fix on ②to complain
शीशा	ⓝ m	①glass ②a mirror
चाँदनी	ⓝ f	moonlight
चमकना	ⓥⓘ	to shine, to sparkle, to glitter
पृथ्वी	ⓝ f	the wide world, the earth
पूर्णिमा	ⓝ f	the night or day of full moon
किनारा	ⓝ m	①side, edge, end, limit ②shore, bank, beach ③ a border
कुशलता	ⓝ f	skilfulness, expertness

साधारण	ⓐⓙ ①common, general, public ②ordinary, usual, normal, average ③simple, common
बल्कि	ⓐⓥ but rather, moreover
बहुमूल्य	ⓐⓙ high in price, precious, valuable
कारीगरी	ⓝ f ①craftsmanship, skill ②skilled work, artistic work
अंदाज	ⓝ m ①rough estimate ②guess ③manner, style, gesture
प्रकाश	ⓝ m ①brightness, light, splendour ②daylight, sunshine ③appearance, disclosure
छाया	ⓝ f ①shade, a shady place ②shadow, darkness
छाना	ⓥⓘ to be spread, to spread ⓥⓣ to cover, to shade
दुकड़ा	ⓐⓙ paired ⓝ m a pair
प्रयोग	ⓝ m ①use, application ②practice, usage
तहखाना	ⓝ m an underground room, a cellar, basement
कब्र	ⓝ f grave, tomb
बहना	ⓥⓘ to follow
किला	ⓝ m a fort, a castle
-नुमा	ⓐⓙ appearing as, like (किला-नुमा: fort-like)
द्वार	ⓝ m ①door, gate ②entrance, gateway
मीनाबाजार	ⓝ m a bazaar where enamelled ware, trinkets, are sold
सीध	ⓝ f ①straightness ②direct line
अंतर	ⓝ m difference
पूर्व	ⓐⓙ ①forward ②east, eastern, first ③prior, preceding, former
निशानी	ⓝ f a distinctive mark, sign, evidence
वास्तु	ⓝ m a building, a structure

कला	ⓝ f	an art, a person's art or skill
अनुपम	ⓐⓙ	①incomparable ②excellent, best
उदाहरण	ⓝ m	an example
गौरव	ⓝ m	①weight, gravity ②dignity ③honour, repute, prestige

पाठ 27

Part 1. वन

वन	ⓝ m	forest, jungle
मानव	ⓝ m	①a human being, a man ②mankind
प्रकृति	ⓝ f	①original form or state ②nature, character ③natural world
अमूल्य	ⓐⓙ	priceless, invaluable
देन	ⓝ	①giving ②a gift
जानवर	ⓝ m	a living creature, an animal
शिकार	ⓝ m	hunting
अथवा	(conj)	or
पेट	ⓝ m	①the belly ②the stomach
खाल	ⓝ f	skin, hide
छाल	ⓝ f	①bark ②skin, rind, peel
बरसात	ⓝ f	the rainy season
बचाना	ⓥⓣ	to save, to preserve
पर्यावरण	ⓝ m	the environment
ईंधन	ⓝ m	fuel (wood, mineral)
खेल	ⓝ m	①play ②a game
लकड़ी	ⓝ f	wood, a piece of wood (pl.) fire wood

प्राप्त	ⓐⓙ obtained, acquired
गेंद	ⓝ f a ball
चमड़ा	ⓝ m ①skin ②leather
जड़ी	ⓝ f any root used medicinally
जड़ी-बूटी	ⓝ f roots and herbs used medicinally; medicines drugs
दियासलाई	ⓝ f a match
कागज	ⓝ m paper
लुगदी	ⓝ f a soft, or clammy mass, or lumps
तारपीन	ⓝ m turpentine
उपयोग	ⓝ m ①application, use, service ②availability, validity (उपयोग करना: to use)
कीकर	ⓝ m the acacia
चीड़	ⓝ f a pine or fir tree
चंदन	ⓝ m the sandal tree
उपयोगी	ⓐⓙ ①useful ②available, valid
वस्तु	ⓝ f ①essence, substance ②(pl.) goods, possessions ③a commodity
नियंत्रण	ⓝ m ①governing, guiding ②control ③restriction, limitation
प्रदूषण	ⓝ m pollution
योगदान	ⓝ m contribution
कटाव	ⓝ m ①cutting ②harvest, crop ③erosion
संतुलन	ⓝ m balance, equilibrium
पक्षी	ⓝ m a bird
सुरक्षित	ⓐⓙ well-protected, well-defended

मनुष्य	ⓝ m	human being
पूर्वोत्तर	ⓝ m	north-east ⓐ north-east
हाथी	ⓝ m	elephant
गैंडा	ⓝ m	rhinoceros
बाघ	ⓝ m	tiger
हिरन	ⓝ m	a deer
तेंदुआ	ⓝ m	a leopard
भालू	ⓝ m	wild buffalo
जंगली भैंस	ⓝ f	buffalo cow
सिंह	ⓝ m	a lion
चीतल	ⓝ m	the axis or spotted deer
मोर	ⓝ m	a peacock
समुद्र	ⓝ m	sea, ocean
मुहाना	ⓝ m	mouth (of a river)
क्षेत्र	ⓝ m	region, area, zone
कांटेदार	ⓐ	thorny, barbed
रोक	ⓝ f	①stopping, restraint ②obstacle, a barrier ③prohibition
प्रोत्साहित	ⓐ	stimulated, encouraged
मेंड़	ⓝ f	①dike, embankment ②hedge, boundary-mound
वन्य	ⓐ	having to do with a forest
बढ़ोतरी	ⓝ f	①increase, growth ②rise, progress ③gain, profit
अभ्यारण्य	ⓝ m	nature park
सुखमय	ⓐ	happy, joyous, pleasant
दिखावा	ⓝ m	①show ②appearance, pretence, disguise

उत्पाद	ⓝ m	a product
त्याग	ⓝ m	①leaving ②abondoning ③renouncing
शिक्षा	ⓝ f	①teaching ②learning, study ③education

Part 2. पेड़ और आदमी

कुल्हाड़ी	ⓝ f	a hatchet
धार	ⓝ f	①flow, current ②edge (of blade) ③edge, end, limit
मूर्खता	ⓝ f	stupidity, foolishness, ignorance
अफसोस	ⓝ m	①sorrow ②regret
ढेर	ⓝ m	a heap, pile, abundance
कंधा	ⓝ m	the shoulder
भुज	ⓝ m	the arm, the upper arm
झूलना	ⓥⓘ	to swing, to sway
मोहल्ला	ⓝ m	suburb (मुहल्ला)
कमाना	ⓥⓣ	①to earn ②to acquire, to save
ढूँढना	ⓥⓣ	to look for, to search out, to find
पढ़ा-लिखा	ⓐⓙ	literate, educated
आसानी	ⓝ f	ease (आसानी से ⓐⓥ easily)
हवा	ⓝ f	①air ②wind
जीवित	ⓐⓙ	living, alive
सजावट	ⓝ f	①arrangement ②decoration
धूल	ⓝ f	dust
धरती	ⓝ f	①the earth ②earth, soil, land
जड़	ⓝ f	①root ②basis, foundation ③origin, cause
शाखा	ⓝ f	①branch ②division, section
बलिदान	ⓝ m	making of an offering; an offering

पैदा	ⓐⓙ ①born ②produced ③arisen, become evident
खोलना	ⓥⓣ to open, to unlock, to unfasten
दोस्ती	ⓝ f friendship
लाभ	ⓝ m ①gain ②profit, advantage, benefit
अंग	ⓝ m ①the body ②part, section, branch
पालना	ⓥⓣ ①to foster, to rear ②to protect
समझ	ⓝ f understanding
अधिक	ⓐⓙ increased, exceeding, more, abundant (अधिक से अधिक ⓐⓥ at the most)

Part 3. मित्र को पत्र

मित्र	ⓝ m f a friend
प्रिय	ⓐⓙ dear, beloved
मौज	ⓝ f surge (of emotion), ecstasy, delight
माह	ⓝ m ①the moon ②a month
बेकार	ⓐⓙ useless, ineffective, worthless
प्रतीक्षा	ⓝ f looking for, waiting for

पाठ 28

Part 1. रेलवे स्टेशन

छुट्टी	ⓝ f leave, holiday, vacation, break (during the day's work)
अचानक	ⓐⓥ suddenly, unexpectedly
घंटी	ⓝ f a bell
चाँद	ⓝ m the moon
स्वागत	ⓝ m ①welcoming ②a welcome, reception
गप	ⓝ f ①casual talk, gossip ②rumour

योग्य ⓐⓙ ①suitable, suited ②capable, able, gifted ③ worthy

वीर ⓐⓙ brave ⓝ[m] a hero, warrior

न्याय ⓝ[m] ①right manner or method ②justice

बुद्धिमान ⓐⓙ intelligent, wise

सिद्ध ⓐⓙ ①accomplished, realised ②demonstrated, proved

राज्य ⓝ[m] kingdom, state

विस्तार ⓝ[m] ①spreading, spread, expansion ②detail (विस्तार करना: to spread, to expand)

प्रजा ⓝ[f] ①people (of a state), subjects (of a king) ②tenants (of a landlord) ③offspring, descendants

सुख ⓝ[m] ①happiness, pleasure, joy ②ease, comfort ③rest, relief, peace

जनता ⓝ[f] people, the public

स्वर्गवास ⓝ[m] residence in heaven: decease

इतिहास ⓝ[m] history, tradition

अर्थ ⓝ[m] sense, meaning

संबंध ⓝ[m] connection, relationship

महाद्वीप ⓝ[m] a continent

स्थित ⓐⓙ situated

लम्बाई ⓝ[f] ①length ②tallness

पूर्वी ⓐⓙ eastern

सीमा ⓝ[f] limit, boundary

चौड़ाई ⓝ[f] ①width, extent ②latitude

पर्वत ⓝ[m] a mountain, a hill

बर्फ़ीला	ⓐⓙ ①icy ②snowy, snow-covered
अधिकांश	ⓝ m greater part, majority
	ⓐⓙ the greater part of, the majority of
मैदानी	ⓐⓙ having to do with a field or area
सिंचाई	ⓝ f watering, irrigation
उद्योग	ⓝ m ①effort ②attempt, endeavour
महासागर	ⓝ m ocean
खाड़ी	ⓝ f a bay, gulf
घिरना	ⓥⓘ to be surrounded or enclosed
सागर	ⓝ m ocean, sea
तट	ⓝ m ①bank (of a river) ②shore, coast
कुल	ⓝ m the whole, total amount ⓐⓙ entire, all (कुल मिलाकर ⓐⓥ altogether)
भौगोलिक	ⓐⓙ geographic
बनावट	ⓝ f ①structure ②composition
पहाड़ी	ⓐⓙ ①of or belonging to the hills ②hilly, mountainous
पठारी	ⓐⓙ having to do with plateau
पूरब	ⓝ f east
दर्रा	ⓝ m a mountain pass; valley
काल	ⓝ m time
व्यापार	ⓝ m occupation, business, trade, profession
संस्कृति	ⓝ f culture
आदान	ⓝ m taking, receiving, accepting
आदान-प्रदान	ⓝ m taking and giving: interchange, exchange
घाटी	ⓝ f ①a valley ②a mountain pass, a slope
विश्व	ⓐⓙ entire, whole, universe ⓝ m the universe

पैदावार	ⓝ f ①produce ②production ③profits
पर्यटक	ⓝ m traveller, tourist
मध्य	ⓐj middle, central
उपजाऊ	ⓐj ①fertile, rich (soil, land) ②productive
समृद्ध	ⓐj ①prosperous ②wealthy
ईख	ⓝ f sugar-cane
तिलहन	ⓝ m oil-seed, oil-crop
खास	ⓐj ①particular, special, distinct ②main, chief
सतह	ⓝ f surface
प्रदेश	ⓝ m ①place, region ②province, state (of India)
कहवा	ⓝ m coffee
तंबाकू	ⓝ m tabacco
नारियल	ⓝ m ①the coconut tree ②a coconut
केला	ⓝ m a banana
आमतौर	आमतौर पर ⓐv usually, in general
ऋतु	ⓝ m f ①season ②weather
वसंत	ⓝ m spring (बसंत)
शून्य	ⓐj empty ⓝ m nothingness, zero
जनसंख्या	ⓝ f population
संघशासित	ⓐj federal
विकास	ⓝ m development (विकास करना: to develop)
औद्योगिक	ⓐj industrial
प्रगति	ⓝ f progress
चित्रकारी	ⓝ f the art, or work of paiting
झील	ⓝ f a lake
झरना	ⓝ m ①a cascade, waterfall ②a spring

ताँता	ⓝ m	①a line, row ②a series ③sequence, continuation
खनिज	ⓐⓙ	mineral
पदार्थ	ⓝ m	an object
बहुतायत	ⓝ f	①abundance ②excess ③majority
संगम	ⓝ m	①meeting, joining ②junction ③association, Contact

Part 2. मौसम

दिनांक	ⓝ m	date
अधिकतम	ⓐⓙ	①greatest, maximum ②vast, huge
बादल	ⓝ m	cloud
आसार	ⓝ m	signs, indications, symptoms
बूँदाबाँदी	ⓝ f	sprinkling of rain, drizzle
विशेषकर	ⓐⓥ	especially, particularly, chiefly
गिरना	ⓥⓘ	to fall, to fall down
संभावना	ⓝ f	①probability ②possibility
पश्चिमी	ⓐⓙ	western
खुशगवार	ⓐⓙ	agreeable
दबाव	ⓝ m	pressing, pressure
फलस्वरूप	ⓐⓥ	as a due consequence
रिमझिम	ⓝ f	pattering sound (of rain)
इंद्र-धनुष	ⓝ m	①a rainbow
दर्शन	ⓝ m	①seeing, observation ②sight
गड़गड़ाहट	ⓝ f	a gurgling sound
कौंधना	ⓥⓘ	to flash (as lightning)
बौछार	ⓝ f	heavy shower, squall (बौछाड़)
दिखाई	ⓝ f	①seeing ②showing, display ③coming into

view, appearance

ठिठुरना	ⓥⓘ	to be numbed, or chilled, to be frozen, to shiver
बावजूद	ⓟⓟ	in spite, notwithstanding
लगातार	ⓐⓥ	continually, constantly
जारी	ⓐⓙ	progressing, continuing

पाठ 31

Part 1. दीवाली और होली

त्यौहार	ⓝ m	a festival
बेसब्री	ⓝ f	impatience
बेसब्र	ⓐⓙ	impatient
समुदाय	ⓝ m	collection, community, section, group, mass
समाज	ⓝ m	a society, association
छलकना	ⓥⓘ	①to be spilt, to spill ②to overflow, to brim
द्वीप	ⓝ m	an island, peninsula
पंक्ति	ⓝ f	①a row, line, queue ②rank, series, group
अमावस्या	ⓝ f	the last day of the dark fortnight of a lunar month; the night of the new moon (अमावस)
अनुसार	ⓟⓟ	according
पुताई	ⓝ f	whitewashing, plastering
लीपना	ⓥⓣ	①to smear ②to plaster ③to whitewash ④to ruin, to destroy
चौका	ⓝ m	a square piece of ground (चौका लगाना : to make clean an area by smearing it with earth and cow-dung)
झाड़	ⓝ m	sweeping, cleaning
लड़ी	ⓝ f	①a string ②row, line, series

कतार	ⓝ f	①a line, row ②series, order
अँधेरा	ⓝ f	darkness, dark night
मोमबत्ती	ⓝ f	wax candle
शक्ति	ⓝ f	①power, strength ②ability, capacity
मार	ⓝ f	①beating ②a blow, stroke, kick ③a fight
प्रतिवर्ष	ⓐⓥ	every year
बुराई	ⓝ f	evil, wickedness, ill
अच्छाई	ⓝ f	good, excellence, beauty
विजय	ⓝ f	victory, conquest
प्रतीक	ⓝ m	a symbol
वर्षा	ⓝ f	①the rainy season ②rain
समाप्त	ⓐⓙ	completed, ended
कारण	ⓝ m	①cause, means ②motive, purpose, reason
कीड़ा	ⓝ m	①an insect ②a worm
कीड़े-मकोड़े	ⓝ m	(pl.) insects
बीमारी	ⓝ f	illness
कीटाणु	ⓝ m	microbe, germ
लिपाई	ⓝ f	smearing, plastering, whitewashing
पटाका	ⓝ m	a cracker(पटाखा)
खतरनाक	ⓐⓙ	dangerous, risky
शोर	ⓝ m	①noise, outcry ②uproar
कान	ⓝ m	the ear
फटना	ⓥⓘ	①to be torn ②to split to crack
धुआँ	ⓝ m	①smoke ②vapour, gas
सुहावना	ⓐⓙ	pleasant, agreeable, charming
माह	ⓝ m	①the moon ②a month

उपला	ⓝ m a dried cake of cow-dung (fuel)
ढेर	ⓝ m a heap, pile, abundance
दहन	ⓝ m ①burning ②fire
अनाज	ⓝ m ①grain ②food (in general)
भूनना	ⓥⓣ to roast, to bake, to parch (grain)
अन्न	ⓝ m food, grain (अन्न-धन: food and wealth)
पिचकारी	ⓝ f a syringe, a squirt (for water)
भक्त	ⓐⓙ devoted ⓝ m a devotee, follower
उपाय	ⓝ m means, plan, device, measure, scheme
ओढ़ना	ⓥⓣ ①to cover with ②to put on, to wear
गोद	ⓝ f ①a lap ②bosom, embrace
भय	ⓝ m fear, misgivings
ईर्ष्या	ⓝ f ①envy ②jealousy ③spite, ill-will
द्वेष	ⓝ m aversion, spite, enmity
प्रवेश	ⓝ m ①entry ②admission ③an entrance (प्रवेश करना: to enter)
असत्य	ⓐⓙ ①untrue ②unreal ⓝ m ①untruth ②unreality ③badness
सत्य	ⓐⓙ ①true ②real ⓝ m ①truth ②reality ③goodness
लड़ाई	ⓝ f ①fighting ②a war, battle ③enmity, hostility
गुलाल	ⓝ m the powder (usu. red) thrown and sprinkled by participants in the Holi festival

पाठ 32

Part 1. चुहिया फिर चुहिया

चुहिया	ⓝ f a small rat, a female rat
आश्रम	ⓝ m abode, refuge
महान	ⓐⓙ great
विद्वान	ⓐⓙ learned ⓝ m a scholar
सिद्ध	ⓐⓙ sacred, holy
पुरुष	ⓝ m ①a man ②a male
गुरू	ⓝ m ①a spiritual guide ②a teacher
ज्ञान	ⓝ m knowledge, wisdom
आश्चर्यजनक	ⓐⓙ astonishing
चमत्कार	ⓝ m sthg. astonishing; sthg. splendid
सूर्योदय	ⓝ m sunrise
फुदकना	ⓥⓘ to hop, to skip
शांत	ⓐⓙ quieted
भाव	ⓝ m ①being, existence ②natural state, character or quality ③way, manner
भाना	ⓥⓘ to be liked
लहरदार	ⓐⓙ wavy, whimsical, crotchety
पूँछ	ⓝ f tail
चमकीला	ⓐⓙ sparkling, glittering
लाड़	ⓝ f ①affection ②caressing
पोसना	ⓥⓣ ①to nurture, to bring up ②to breed, to rear
चाव	ⓝ m active wish, desire, eagerness, zeal
जवान	ⓐⓙ young ⓝ m young adult, a youth
अति	ⓐⓙ very much

ज्ञानवान	ⓐⓙ	knowledgeable, learned, wise
वर	ⓝ m	bridegroom, husband
सूर्य	ⓝ m	the sun
उचित	ⓐⓙ	proper, right, fit, appropriate
सही	ⓐⓙ	right, correct, real, actual
मंत्र	ⓝ m	a sacred verse or text
गुणवान	ⓐⓙ	endowed with virtues
स्वीकार	ⓝ m	①accepting ②assent ③acknowledgement ④admission
नाक	ⓝ f	nose
नाक-भौं	ⓝ f	nose and brows
सिकोड़ना	ⓥⓣ	①to draw in or together ②to squeeze or press in or together ③to purse or to twist (lips), to wrinkle up (as the face or brow)
भस्म	ⓝ m	ashes, cinders
बढ़कर	ⓐⓙ	greater, better, more
चमक	ⓝ f	sparkle, glitter
निवेदन	ⓝ m	request, petition
झटपट	ⓐⓥ	this very moment, quickly
डरावना	ⓐⓙ	causing fear, fearsome
घड़घड़ाना	ⓥⓘ	to rumble, to thunder
कर्कश	ⓐⓙ	hard, harsh, rough, sharp
आवाज	ⓝ f	sound, noise, echo
ताकतवर	ⓐⓥ	strong, an instant
पवन	ⓝ m	wind, air
पल	ⓝ m	a moment, an instant

	(पल भर में: for just a moment)
आज्ञा	ⓝ f ①command, order, rule
नाराज	ⓐⓙ dissatisfied, displeased, angry
चिल्लाना	ⓥⓣ to cry out loudly, to scream
चंचल	ⓐⓥ ①unsteady, restless ②moving, quick
बहुरूपिया	ⓝ m actor, mimic, dissembler
शाक्तिशाली	ⓐⓙ powerful, strong
ऊँचा	ⓐⓙ ①high, tall ②upper, superior
हिलाना	ⓥⓣ ①to shake ②to swing (legs, sticks) ③to wave (hand)
हारना	ⓥⓘ ①to be defeated, to be beaten ②to suffer loss
मार्ग	ⓝ m road, way, passage, path
हाजिर	ⓐⓙ ①present ②ready, prepared
रूखा सूखा	ⓐⓙ ①dry, plain ②unseasoned, insipid
बेढंगा	ⓐⓙ disordered, chaotic
मजबूत	ⓐⓙ ①strong ②fixed, firm, steady
सख्त	ⓐⓙ hard, stiff, strong, solid, tight
खोदना	ⓥⓣ to dig, to excavate
बिल	ⓝ m hole
फौरन	ⓐⓥ at once, immediately
सपना	ⓝ m a dream
सुखी	ⓐⓙ ①happy ②at ease, contented
बल	ⓝ m power, strength

पाठ 33

Part 1. संस्थान कार्यालय

कार्यालय	ⓝ m office, administrative or government department
अध्यक्ष	ⓝ m chairman, president, director, dean
बजाना	ⓥⓣ to strike (a bell), to play (an instrument)
आवेदन-पत्र	ⓝ m an application form
स्वीकृति	ⓝ f acceptance
अधीक्षक	ⓝ m superintendent
प्रारूप	ⓝ m version, sketch, prototype
पुस्तकालय	ⓝ m library
लेख	ⓝ m ①sthg. written, an article, document ②writing
माँगना	ⓥⓣ ①to ask for, to request, to entreat, to beg ②to demand
शिकायत	ⓝ f ①a complaint, request fo improvement or redress ②a reproach
आदत	ⓝ f ①habit ②manner ③custom
डाँट	ⓝ f rebuking, scolding
बहाना	ⓝ m excuse, pretext
निश्चित	ⓐⓙ ①ascertained, not subject to doubt ②determined, definite

पाठ 34

Part 1. चार दोस्त

घना	ⓐⓙ ①thick, dense, heavy ②close, intimate
काला-कलूटा	ⓐⓙ coal-black (of complexion)

सुनहरा ⓐⓙ ①made of gold ②gold-coloured
चित्ती ⓝ f a spot, mark, stain, scar
घास-पात ⓝ m grass and leaves
मिलना-जुलना ⓥⓘ to be joined, to meet
शिकारी ⓝ m hunter
पगडंडी ⓝ f straight line for the feet, path, track
जाल ⓝ m a net
चरना ⓥⓣ to graze
फँसना ⓥⓘ ①to stick ②to be stuck ③to be caught, to be tricked, cheated
बिताना ⓥⓣ to spend (time)
प्रेमिका ⓝ f ①a woman who loves ②a woman who is loved
मस्त ⓐⓙ ①intoxicated ②passionate ③arrogant, proud ④engrossed
मुसीबत ⓝ f ①a disaster, a misfortune ②trouble
उड़ना ⓥⓘ to fly, to fly up
पुकारना ⓥⓘ to call out, to call (to, को)
ⓥⓣ to invoke (a name)
सुनाई ⓝ f hearing
पुकारा ⓝ m a call, shout
ठहरना ⓥⓘ ①to stand still, to stop ②to stay ③to wait, to remain ④to settle
मदद ⓝ f ①help, aid ②support
आँसू ⓝ m a tear
घबराना ⓥⓘ ①to be confused, to be embarrassed ②to be perturbed, or alarmed
तरकीब ⓝ f ①form, structure ②means, plan,

contrivance

सूझना	ⓥⓘ	①to be perceptible ②to appear, to seem
आजाद	ⓐⓙ	①free, independent ②liberated, released
पीठ	ⓝ m	the back
नुकीला	ⓐⓙ	①pointed, tapering ②charming, attractive
दाँत	ⓝ m	tooth
शुक्र	ⓝ m	gratitude
आहट	ⓝ f	the sound of footsteps
छुपना	ⓥⓘ	to be hidden, to hide, to lurk, to be veiled (= छिपना)
कुलाँच	ⓝ m	a bound, leap, bounce
क्षण	ⓝ m	a moment, an instant
ओझल	ⓐⓙ	①screened, hidden ②disappeared, vanished
सरकना	ⓥⓘ	①to be moved ②to move
झाड़ी	ⓝ f	bushes
ओट	ⓝ f	①covering, screen, shelter ②place of concealment, ambush
हैरान	ⓐⓙ	①harassed, distressed ②perplexed
बिखरना	ⓥⓘ	①to be scattered, to be dispersed ②to be disarranged
मलना	ⓥⓣ	①to rub ②to scrub ③to tread on, to grind, to crush
लपकना	ⓥⓘ	to spring, to leap
पीछा	ⓝ m	①rear or back part ② fig. pursuit (पीछा करेगा: to pursue)
सावधान	ⓐⓙ	①attentive ②careful, cautious, prudent
जमीन	ⓝ f	earth, ground, soil

चौकड़ी	ⓝ f	a leap
मोटा	ⓐⓙ	①fat ②large, heavy
ताजा	ⓐⓙ	①fresh ②new ③young, tender
ठिकाना	ⓝ m	fixed place, site, residence
फटना	ⓥⓘ	①to be torn, to be torn open, to be dispersed ②to be split, to crack
आह	ⓝ f	a sigh (आह भरना: to sigh)
किस्मत	ⓝ f	fate, destiny

पाठ 35

Part 1. सत्या का स्वयंवर

स्वयंवर	ⓝ m	public choice of a bridegroom by the bride from among her assembled suitors
निश्चय	ⓝ m	decision
राजकुमारी	ⓝ f	princess
राजकुमार	ⓝ m	prince
धनी	ⓐⓙ	rich, wealthy
गुण	ⓝ m	①a quality ②a good quality, a virtue, a skill, a talent
ख्याति	ⓝ f	fame, renown, reputation
उपयुक्त	ⓐⓙ	fit, proper, suitable, appropriate, worthy (as of a post)
खोजना	ⓥⓣ	①to search for, to search out ②to enquire, to investigate
प्रस्ताव	ⓝ m	①introduction ②proposal, suggestion
छाँटना	ⓥⓣ	to pick out
रानी	ⓝ f	queen

मंत्री	ⓝ m ①a minister of state ②a king's counsellor
गहन	ⓐⓙ ①thick, dense ②deep, profound
विमर्श	ⓝ m consideration, debate, discussion
घोषणा	ⓝ f a declaration, announcement
सांड़	ⓝ m a bull
जुआ	ⓝ m a yoke
निमंत्रण	ⓝ m ①call, summons ②invitation
धूम धाम से	ⓐⓥ grandly
महल	ⓝ m palace, mansion
शाला	ⓝ f house, place, hall (esp. as devoted to a partic purpose)
निर्माण	ⓝ m ①building, construction ②creation, development
आसन	ⓝ m a seat
मदिरा	ⓐⓙ wine
संगीतज्ञ	ⓝ m one knowledgeable or skilled in music
मनोरंजन	ⓝ m entertainment, amusement, recreation
नर्तक	ⓝ m a dancer
नर्तकी	ⓝ f a female dancer
आमंत्रित	ⓐⓙ invited
खूबसूरती	ⓝ f beauty
प्रकाशित	ⓐⓙ ①brought to light: evident ②illuminated ③displayed ④published
उम्मीद	ⓝ f ①hope, expectation ②trust, dependence
जीत	ⓝ f winning, victory, a win, a success
लाव-लश्कर	ⓝ m an army with its equipment and campfollowers

रथ	ⓝ m ①chariot ②vehicle (as of the gods)
पालकी	ⓝ f a litter, conveyance carried on the shoulders
सैनिक	ⓝ m a soldier ⓐⓙ having to do with an army or soldiers, military
दरबारी	ⓝ m a courtier ⓐⓙ having to do with a royal court
कीमती	ⓐⓙ ①expensive ②valuable, precious
जवाहर	ⓝ m (pl.) jewels, precious stones
नौकर-चाकर	ⓝ m (pl.) servants
भरपूर	ⓐⓙ quite enough, quite full
टिकाना	ⓥⓣ ①to cause to stop, to detain ②to fix
व्यंजन	ⓝ m ①mark, sign, symbol ②a consonant ③vegetables
बाड़ा	ⓝ m ①enclosed area ②fence, hedge
पधारना	ⓥⓘ ①to set out ②to arrive ③to take a seat
एकत्र	ⓐⓙ ①collected together ②concentrated
सम्मुख	ⓐⓥ in front, face to face, opposite
पौत्री	ⓝ f son's daughter, grand daughter
ढोल	ⓝ m a large drum
ताल	ⓝ f ①clapping the hands, applause ②symbals
तुरही	ⓝ f a trumpet, a horn
समारोह	ⓝ m a celebratory function: festival
शुभारम्भ	ⓝ m auspicious beginning
गूँज	ⓝ f ①humming, buzzing ②reverberation, resonance, echo
वातावरण	ⓝ m atmosphere
पिंजड़ा	ⓝ m a cage

ख़ूँख़ार	ⓐⓙ bloodthirsty, murderous
झपटना	ⓥⓘ to spring, to pounce
नथूना	ⓝ m ①septum of the nose; nostril ②a large nose ring (नथूने फुलाना: to be angry)
चक्कर	ⓝ m ①a curve ②a round journey
चूंकि	(conj) since, because
खोना	ⓥⓣ ①to lose ②to waste
परिणाम	ⓝ m ①result, effect ②conclusion
कूद	ⓝ f jumping, a jump, spring
कूदना	ⓥⓘ to jump, to leap

पाठ 36

Part 1. दुर्घटना

दुर्घटना	ⓝ f an accident, a disaster, incident
लटकाना	ⓥⓣ to cause to hang, to suspend
घटना	ⓝ f a happening, incident
मालिक	ⓝ m master, owner, lor
ज़हरीला	ⓐⓙ poisonous
चीथना	ⓥⓣ ①to tear to pieces ②to crush
रौंदना	ⓥⓣ ①to crush
चाकू	ⓝ m a pocket-knife
घोंपना	ⓥⓣ to thrust in
सीना	ⓝ m ①the chest ②breast, bosom
गोली	ⓝ f a bullet
बेकार	ⓐⓙ useless, ineffective, worthless

खतरा	ⓝ m	danger, risk
घबराहट	ⓝ f	①confusion, embarrassment ②perplexity ③agitation, alarm
टक्कर	ⓝ f	striking, knocking
समाचार	ⓝ m	news, information
चोरी	ⓝ f	①a theft, robbery ②stealth
कब्जा	ⓝ m	①grasp ②seizure ③occupancy
चालक	ⓝ m	a drive pilot
बिगड़ना	ⓥⓘ	①to deteriorate ②to fail, to go wrong
आपतकालीन	ⓐⓙ	emergent, having to do with a time of disaster

पाठ 37

Part 1. रंगा सियार

सियार	ⓝ m	a jackal
भटकना	ⓥⓘ	to stray, to wander
गली	ⓝ f	①a lane, alley ②small section, quarter (of a village)
भूखा	ⓐⓙ	hungry
परवाह	ⓝ f	care, concern
भौंकना	ⓥⓘ	to bark
हमला	ⓝ m	an attack
छुड़ाना	ⓥⓣ	①to cause to be freed ②to get rid of ③to remove
प्राण	ⓝ m	①breath ②life
घुसना	ⓥⓘ	to enter uninvited, or surreptitiously
छलांग	ⓝ f	a leap, bound, spring
ठान	ⓝ f	①plunging into ②a firm resolve

ठिठकना	ⓥⓘ ①to stop suddenly, to stand still ②to shrink, to hesitate
नजदीक	ⓟⓟ (with के) near
सरकना	ⓥⓘ to move along
बंदर	ⓝ m a monkey
खरगोश	ⓝ m a rabbit
अजगर	ⓝ m a large snake
भेड़िया	ⓝ m a wolf
लोमड़ी	ⓝ m a fox
चीता	ⓝ m cheetah
ईश्वर	ⓝ m God
झुकना	ⓥⓘ to be bent down, to bend
ख्याल	ⓝ m ①thought, idea ②the mind ③regard, attention, care
देख-भाल	ⓝ f observation, care
खूब	ⓐⓙ fine, splendid ⓐⓥ very much, very well, splendidly
खान-पान	ⓝ m eating and drinking
प्रबंध	ⓝ m arrangement
आशीर्वाद	ⓝ m blessing, benediction
हटना	ⓥⓘ to move away, to withdraw
वफादार	ⓐⓙ faithful, trusty, loyal
अन्य	ⓐⓙ other, different
शत्रु	ⓝ m an enemy, an opponent
चालाक	ⓐⓙ ①active, quick ②clever ③astute, cunning
पूर्ण	ⓐⓙ full, filled
स्वामी	ⓝ m ①owner, proprietor ②master, lord, king

भक्ति	ⓝ f	religious devotion
वचन	ⓝ m	①speech ②word ③promise
अभिवादन	ⓝ m	①respectful greeting ②praise
समस्या	ⓝ f	a problem
समाधान	ⓝ m	deep meditation
बंधु	ⓝ m	①relative ②brother ③friend
असली	ⓐⓙ	①original, primary, basic, indigenous ②real, actual ③genuine ④inherent, innate
धोखा	ⓝ m	deceit
मगर		(conj) but
चंपत	ⓐⓙ	①invisible ②vanished

पाठ 38

Part 1. एक दिन का मेहमान

खटमल	ⓝ m	a bed-bug
भारी-भरकम	ⓐⓙ	massive, vast, grave
कुटुम्ब	ⓝ m	①family, family line ②relative
पलंग	ⓝ m	a bed
दरार	ⓝ f	①a crack ②gap
बाल	ⓐⓙ	young
बीतना	ⓥⓘ	to pass, to elapse (time)
खून	ⓝ m	blood
चूसना	ⓥⓣ	to suck, to soak up, to absorb
मच्छर	ⓝ m	a mosquito
बिछौना	ⓝ m	a bed
कोमल	ⓐⓙ	soft, tender, delicate

देह	ⓝ m	a village
मुखिया	ⓝ m	chief, leader, head ⓐⓙ chief
बिस्तर	ⓝ m	bedding, bed-roll
जान	ⓝ f	life
विनम्र	ⓐⓙ	not mild, courteous, humble, submissive
दृढ़ता	ⓝ f	①firmness, hardness, strength ②steadfastness, resolution
शहद	ⓝ m	honey
चखना	ⓥⓣ	to taste, to eat, to try (of food)
एहसान	ⓝ m	①benefaction, favour, kindness ②gratitude
नवाजी	ⓝ f	kindness
प्रशंसा	ⓝ f	praise, commendation
तरेरना	ⓥⓣ	to glare (with the eyes)
दर्द	ⓝ m	①pain ②pity, compassion, sympathy
गिड़गिड़ाना	ⓥⓘ	to whine, to be tearful, to entreat abjectly
जोड़ना	ⓥⓣ	①to join, to connect ②to gather together
विनती	ⓝ f	entreaty, request, petition
दया	ⓝ f	①compassion, pity, sympathy ②mercy
रोब	ⓝ m	dignity, prestige
गलत	ⓐⓙ	①incorrect, wrong ②untrue
मदिरा	ⓝ f	wine, alcohol
नशा	ⓝ m	intoxication
चूर	ⓝ m	powder, fragments ⓐⓙ crushed
गहरी	ⓐⓙ	deep, strong, heavy
झूमना	ⓥⓘ	to sway
लड्डू	ⓝ m	a sweet's name

फूटना	ⓥⓘ	to burst open, to break, to crack
स्वाद	ⓝ m	①taste, flavour ②enjoyment
चेतावनी	ⓝ f	a warning, caution
गर्दन	ⓝ f	the neck
तड़पना	ⓥⓘ	to toss about, to be restless
कीड़े-मकोड़े	ⓝ m	(pl) insects
शामत	ⓝ f	①misfortune, disaster ②disgrace
झाड़ना	ⓥⓣ	①to shake off ②to sweep
मसलना	ⓥⓣ	to rub to pieces, to crush between the palms

पाठ 39

Part 1. हंस

हंस	ⓝ m	goose
वट	ⓝ m	a banyan tree
झुण्ड	ⓝ m	a flock, herd, swarm
तना	ⓝ m	① trunk (of a tree) ②stalk, stem
बेल	ⓝ f	any climbing or creeping plant
उगना	ⓥⓘ	①to grow, to sprout, to spring up ②to rise
लता	ⓝ f	a creeper, vine
नष्ट	ⓐⓙ	①destroyed, ruined ②squandered
हानि	ⓝ f	①loss ②damage, harm ③destruction
चढ़ना	ⓥⓘ	to rise, to climb
लिपटना	ⓥⓘ	①to stick ②to cling ③to be enfolded ④to be involved
सहारा	ⓝ m	①support ②dependence, reliance
बहेलिया	ⓝ m	hunter

नष्ट	ⓝ f	destruction
टालना	ⓥⓣ	to neglect, to turn (sthg.) away
गुजरना	ⓥⓘ	to pass
पंख	ⓝ m	wing
घोसला	ⓝ m	a nest (घोंसला)
असफल	ⓐⓙ	unsuccessful
मौत	ⓝ f	death
घाट	ⓝ m	①wharf ②a slope to water, a river bank
चुपचाप	ⓐⓙ	quite silent ⓐⓥ quite silently
फेंकना	ⓥⓣ	to throw, to hurl
आखिरी	ⓐⓙ	last, final
दम	ⓝ m	breath
साधना	ⓥⓣ	①to accomplish, to carry out ②to regulate
एकाएक	ⓐⓥ	suddenly, unexpectedly
जिंदा	ⓐⓙ	①living, alive ②active
फड़फड़ाना	ⓥⓘ	to flap (wings), to flutter

About the Authors

Dr. Bharat Singh
Professor and Head,
Department of International Hindi Teaching & Language Technology
Central Hindi Institute, Agra
Ministry of Human Resource Development
Government of India.
e-mail : bharatsingh27@rediffmail.com

Education: M.A. Hindi, University of Delhi
Diploma & Advance Diploma, Applied Linguistics
Central Hindi Institute, Ministry of HRD Government of India.
PhD, Linguistics, KM Institute, Agra University

Publications:

- "Bhasha aur Samaj" (Language and Society.)
- Pan- Indian Hindi (Research Report).
- Co-Author, Suman Bharati Hindi Textbook Part 6 and Part 8.
- Many Research Paper
- **Member, Committee for Preparation of Course Material:**
  - National Council for Education, Research and Training (NCERT)
  - Dakshin Bharat Hindi Prachar Sabha (Chennai)
  - Indira Gandhi National Open University (IGNOU)
  - International Hindi Teaching Department, C. H. I., Agra.

Editor: "Gaveshna" Research Magazin and "Sansthan Samachar".

Specialist: Teaching Experience of 31 years to foreigners, Non-Hindi Speakers & Hindi Teachers Ex. HOD, International Hindi Teaching Department for 6 years; Member, School Board, International Hindi University, Wardha; Course Coordinator, Central Hindi Institute.

Mr. Keisuke Kato
B.A. in Political Science, Hosei University, Japan.
PG Diploma in Development Studies,
Institute of Development Economies.
MA in Economic and Social Sciences, University of Manchester, U.K.
M.A. Thesis about Indian Democracy.
Lived, worked and studied Hindi for 2 years in New Delhi, India.